CUBA,

YOUR CHILDREN CRY!

By:

Otto H. Iglesias, Esq.

Printed by BookBaby, Inc., in the United States of America.

First printing, 2021.

BookBaby Publisher
7905 N. Crescent Blvd.
Pennsauken, NJ 08110

Print ISBN: 978-1-66781-659-3
eBook ISBN: 978-1-66781-660-9

Reading a love story that I was witnessed to with fresh eyes coming from my brother with such humor and respect for our parents is heartwarming and such a tribute to our family and that specific generation. It makes me proud to be his sister and a fellow Cuban that grew up in Miami during an era that will never be duplicated.

Dr. Amaryllis Iglesias Glass

Reading Otto Iglesias's *Cuba, Your Children Cry!* is like discovering a jewelry box, set aside and long forgotten, brimming with precious gemstones. A diamond is the devoted and compassionate homage dedicated to his parents, recollecting their coming-of-age stories prior to departing a pre-Castro Cuba. Moonstone is the collection of memories, both an elegy and a lament to his grandparents and great-grandparents, composed and gleaned from refraining vignettes repeated to him throughout his childhood and adolescence. Ruby is the raw courage it took to escort his parents back to their homeland, patiently reconstructing and revisiting the childhood venues they had been harboring within their hearts for decades. Finally, sapphire, among the very brightest of gems, is Mr. Iglesias's ability, through deft descriptions and meaningful metaphors, to allow the reader to feel as if they are not only accompanying this family on this long-anticipated reunion with their past but experiencing their emotions as well.

Renate Lwow

What an amazing first-hand account of the emotional whirlwind ignited when a first-generation Cuban American returns to the Island of his roots. Otto Iglesias, my favorite American with Cuban parts, does a suburb job of engaging his audience as he explores the country his parents still call home, despite being ejected over half a century ago. And what a delight to experience their joys and sorrows as he is finally able to bring them home. A must read for all especially Cuban Americans, I am overjoyed and humbled to have been a small, and very pasty-pale part of this adventure.

Laurin J. Mottle

DEDICATION

This book encapsulates the definition of tenacity, strength, determination, and accomplishment, while overcoming fear. My parents' resilience is infectious and endearing, and I am grateful for their perseverance. Writing this book has allowed me the opportunity to delve into my family history, have uncomfortable conversations, experience happiness and heartache, and witness the pain of being forced to leave one's own homeland. This book is dedicated to my mom, Amaryllis Fernandez Iglesias, and my dad, Lázaro Antonio Arteaga Iglesias, Sr. Cuba, tus hijos lloran! I hope I make you proud.

My parents

TABLE OF CONTENTS

Photographer credits, unless otherwise indicated:
Otto H. Iglesias
and
James R. Giddings

My parents

INTRODUCTION

It began when I was browsing through my parents' vintage photographs of a free Cuba in the 1940s and 50s at my home in Hialeah, Florida. I learned everything about Cuba from them, but I had never visited the beloved island only ninety miles from Key West, Florida. They told tales of romantic nights on the streets of Havana, an island where Cuban music escaped from small cafes and filled the streets with people dancing and laughing. I was learning the lingo recognized only by fellow Cubans.

Political strife upended the Cuba of my parents' childhood and ultimately prevented travel back to the island. It was a conflict so intense that thousands risked their lives to escape through shark-infested waters on man-made rafts to Miami, or anywhere for that matter, to reach land and claim political asylum. All of this was done in hopes of a better life for themselves and their loved ones. Luckily, my parents left freely and voluntarily pre-revolution.

Living this juxtaposition—love for the island and devastation at the collapse of a once beautiful society—was heart-wrenching. I felt as if I was being raised in a Cuban bubble while also being exposed to the elements of unfamiliar American traditions. A contradiction of sorts. For my entire life I craved a better understanding of where I came from, the details of how my parents fled Cuba and, most importantly, who I am.

I yearned to experience first-hand the Cuba of my parents' memories, to stroll the Malećon, to immerse myself in the sights and sounds of that tropical paradise. After forty-six years of not knowing, I set out to learn the stories of the Iglesias family and to see the island through the tear-filled eyes of my parents. And finally, I accomplished that mission.

My mom and my dad

CHAPTER ONE:

GROWING UP CUBAN

THE YEAR: 1972
THE MONTH: February
THE DAY: Tuesday the eighth
THE TIME: 8:20 a.m.

On this day and time, I was born to Cuban refugee parents. From this day forward, throughout my childhood, adolescent years, and my adult life, I was raised as a Cuban born in America. Or, as some would say, American with Cuban parts. I was born and raised in Hialeah, Florida, in the 1970s, which had a very small Cuban community at the time.

As I reflect now, it was like living in Cuba, or what I assumed it would be like living in Cuba. Or what I thought Cuba would be like at that age. I did not know any better.

We spoke only Spanish. Spanish was my first language. My mom always said, "Speak Spanish at home, you will learn English at school." To this day she holds to that creed. It was a pain growing up because I would wake up speaking Spanish, go to school where I transitioned to speaking English, and after speaking English all day I would arrive to my Spanish-speaking home. My natural inclination was to speak English, but when I addressed my mom in English, she would ignore my comments on purpose and sarcastically say, "En español" ("in Spanish"). I am forever grateful to her that I am fluent in two languages.

My mom

Growing up with Cuban parents in Hialeah, a small city just Northwest of Miami, was not easy. The language barrier was always an issue, especially for my parents. Cuban food for home-cooked meals was difficult to find. My parents also had difficulty obtaining meaningful employment. They were both go-getters, so they opened their own janitorial business called Palm Springs Janitorial Services. This called for long evening shifts into the late-night hours. My sister, my brother and I were left with our grandparents while our parents worked.

At the age of six, I started helping my parents in the family business. My responsibilities usually entailed emptying the trash cans of an office building, sweeping or mopping the floors, or cleaning bathrooms. My days consisted of going to school between 8:20 a.m. and 2:20 p.m. I would complete my homework and study between 3:00 and 5:00, work from 6:00 until midnight, and repeat.

I was unable to play sports. I always loved baseball and my dad would say I was a great hitter. I also enjoyed volleyball. My brother played for a season and I wanted to follow in his footsteps. However, because of the need to work in the family business, I was not able to make practices or games. I also missed friends' birthdays and gatherings in order to assist in the family business and help put food on the table.

My parents had limited resources and made immense sacrifices to send us to private Catholic schools. I went to private school my entire life, starting at The Immaculate Conception Elementary School in Hialeah. It did not take long to figure out that I was different from my classmates. Initially, the differences were evident in my appearance. My skin tone was a bit richer, caramelized and darker than my classmates. I had a thick unibrow, and my mom had to comb my very thick, wavy hair for fifteen minutes every morning before school.

As a kindergartener, more tangible differences became apparent. The major dissimilarity was noticeable at lunch, mainly because we sat in long tables with six children per table. The kids would share their lunches and place a large napkin in the middle. There they would all empty their potato chip bags and eat whatever chips they wanted. I never had potato chips. Most of my lunches included Cuban bread, ham and cheese, some combination of Cuban pastries with croquettes, or black beans and rice with some sort of meat, which was usually hand-delivered by my grandfather at lunchtime so it would be warm.

The other kids had peanut butter and jelly sandwiches—made with Wonder bread—Lay's potato chips, Doritos, or another popular American brand. They thought my lunches were weird, which was fine because I thought their bland-looking, dry, square sandwiches were weird.

I find the combination of peanut butter with some sort of jelly odd. I always have and still do. It was not until I went away for law school that I was even introduced to peanut butter. Not to mention the fact that seeing someone put peanut butter on a slice of bread appears both difficult and amusing. It always rips the bread! Then you spread some sort of jelly on top, which seeps through the bread and oozes through the hole created by the knife while applying the peanut butter. Just weird. To this day, I have never had a peanut butter and jelly sandwich.

Growing up with my older sister and brother, we were constantly taught Cuban customs (shirts are always pressed, shoes always shiny, women use perfume and men cologne, and chivalry is of utmost importance and taught to boys at a very young age). Cuban music was a huge part of our lives (I love me some Celia Cruz—¡Azúcar!), as was classical music. My maternal grandmother taught piano and my mom took lessons. We ate only Cuban food. Some of my favorites were carne con papa (meat and potatoes) or vaca frita y arroz con frijoles negros (shredded meat with rice and black beans).

My sister, my brother, and I

My parents always talked about the island of Cuba. I remember vividly the many times my mom stated under her breath, "Cuba, tus hijos lloran." Translation: Cuba, your children cry. They spoke of this special island with such fondness, but also with pain. They had wonderful memories of places while growing up there: Varadero Beach, El Morro, El Malecón, and Tropicana, to name a few. They declared that Cuba had the most amazing beaches, with the whitest, softest, flour-like sand.

It was confusing growing up around this love/hate relationship with the island. They hated being pushed out of their country, forced to leave everything behind. They despised that Cuba had become communist, which did not align with their beliefs. Their forced exile had filled them with fear of the unknown, fear of moving to another country where they had to start over, fear of not being able to survive in another culture.

Fear of what Cuba had become now prevented any thoughts of a return, which was difficult for me to figure out, especially when Cuba is such a short distance away from Miami. At times they would express affection and longing for that amazing island and at other times the memories were too painful to speak about openly.

My parents' opposition to returning to Cuba was also due to pride and indignation. "We will not return while Castro is in power. He forced us out, so why would we return there?" In addition, the prohibition was also mandated by the United States. Travel to Cuba from the United States was not possible, so one had to go through Mexico or Canada.

All my life I had wanted to go to Cuba, but my parents would not allow it, and at times it was uncomfortable to talk about. When we took cruises out of Miami and passed by the island, we would gather on the top deck and sing the Cuban national anthem. I would remain there, wondering about the island until it disappeared into the distance. What would it be like to live there? What would I have become? Would I have relocated to the United States?

My parents left Cuba at a very young age. My mom was fifteen and my dad was twenty, and they were dating at the time. They left everything behind except what they were wearing. My mom went to Jamaica to seek refuge, eventually making it to Puerto Rico to stay with family. My dad, on the other hand, was denied a visa and had to leave for Spain for an undetermined amount of time, which turned out to be one year.

From Madrid, he wrote my mom a letter a day for that entire year. My parents have told my siblings and I that these letters still exist and are leather-bound but have never seen the light of day due to their personal content. The letters are stored in a fireproof safe, locked away from any potential snoopers. Whenever those letters are mentioned, you will hear my mom giggle and say they are private. My dad will simply smile with glee but will not say a word.

Although I respect their privacy, I can't help but think about those pages and letters, which formed the foundation of an everlasting love. Their love was so strong that it has remained intact, held together by every word written, every period used, and every sentiment expressed to keep each other connected. Back then, before email, texting, and Facetime, letter-writing was the only form of affordable communication—calling long distance was far too expensive. The anticipation and hope that the mail carrier would deliver a letter from your loved one was exciting.

My mom's baby pic

Several years ago, I was fortunate enough to travel to Spain with my parents and see where my dad worked, where he lived, and where he wrote those famous three hundred and sixty-five letters that kept my parents' relationship afloat while they were thousands of miles apart. During that fascinating trip I craved even more information about my family history, and the desire to go to Cuba increased. I felt as if I had only gotten half the story. My dad had spent time in Spain waiting for a visa, but how had this come to be? How did he get to Spain? What happened afterwards? It ignited my interest in who I was, and the origins of my bloodline seemed even more intriguing. I wanted to know more about places of significance for my parents in Cuba; where they lived, where they met, where they went to school.

My parents

Shortly thereafter, I decided it was time to arrange a return to Cuba. Twice I attempted to plan a trip to Cuba. And twice my parents said they simply could not do it. They did not want to visit the sad memories they would prefer to leave untouched and settled deep in their minds. It was these memories that I hoped to learn more about, but they were difficult recollections of a horrible time, representing the story of my parents' struggle and determination for a better life—not only for them, but for their children as well.

Around this time, I realized another obstacle to their return to the island. My parents believed that if they went to Cuba, friends and family who lived through the same difficult times would consider them traitors. Going back to a still-communist Cuba was unthinkable. In their minds, tourist dollars provided more funds for the regime. My parents held so much anger and pain that the thought of going back to a Cuba that had not changed was too difficult. I didn't blame them.

It had been over half a century since they were in their homeland. Fifty years for recollections to blur and memories to fade. Some of those memories were purposefully forgotten, considering the sadness surrounding their departure. Perhaps, this is the greatest tragedy of all: they had only fading memories of an island they still call home.

My dad

When the restrictions to travel to Cuba were relaxed around 2016, traveling there directly from the United States became a possibility. I became even more motivated in my efforts, but my parents refused to go just as vigorously. In the summer of 2016, when planning a trip to Cuba, I once again tried to convince them to go. Again, they refused. They even tried to politely and cautiously prevent me from going. They would send me news articles from The Miami Herald of things occurring to tourists in Cuba.

I spoke to them with the utmost respect: "I must go to close this family history circle for me."

Cuba was becoming an interesting destination for those in the United States as it slowly opened to tourists. Two friends of mine and I discussed a trip to Cuba. I initially felt that I had to go for the first time with my parents, so they would not consider me a traitor.

Because my parents were in their seventies, I felt that if I did not go soon, I would be deprived of the entire family history. That block of time would be lost without ever having the opportunity to be recaptured. The time was now.

The push-back I received from my parents were concerns of a Cuba fifty years prior. Fear I would not be allowed to leave and be subjected to Castro's government. Fear that I would be arrested and not released. Fear that somehow the government would know they left pre-revolution and that it would be taken out on me.

Despite my strong desire to go, the beliefs and fear instilled in my parents so many years before was seeping into my head. It was a constant game of tug of war between them and reality. I was not sure they understood the current situation because they seemed so stuck in the past.

Thankfully, the craving to develop an understanding for who I am over-powered any of the fears they shared. I was certain that I could make the short trip to Cuba despite their trepidation. Even though they attempted to prevent me from going, they often said, "You are a grown man and can make your own decisions. Should you decide to go, please be careful."

Once we reached this understanding, they began to accept the idea that I was going to travel to Cuba. From then on, they cooperated in providing the information I needed regarding their life there. They were scared and had reservations of me traveling there, but they were also excited for me all at once.

Since I had traveled to many other countries before, I did not share the same fears as they did. Secretly though, I believed deep in my heart that they felt a bit of excitement that I would be exposed to their way of life in Cuba and learn more about how they became who they are.

My parents had written notes and drawn maps of Cuba based on fifty-year-old memories

NACÍ: EN SANTOS SUARES
EN LA CALLE: JUAN DELGADO
Y SAN BERNARDINO, TENGO
UN PRIMO POR PARTE de MADRE
SE LLAMA: RICARDO ARTEAGA.
EL VIVE EN LA CASA QUE NACIMOS
MI hermano Y YO. MI TIO SE
LLAMABA: DR. JOAQUIN ARTEAGA
PREGUNTALE A LOS MAS VIEJOS
SI CONOCIERON A MI TIO, ERA MUY
CATOLICO PRACTICANTE, EL RESTO DE
SU FAMILIA ESTA EN MIAMI YO NO
QUISE TENER CONTACTO CON NINGUNO
DE ELLOS PUE LA MADRE DE ELLOS ERA
COMUNISTA Y AHORA ESTA EN MIAMI.
①

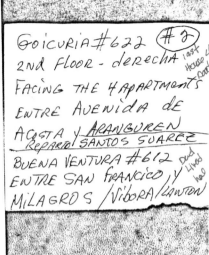

GOICURIA #622 (#2)
2nd FLOOR - derecha 1ast House U Dad
FACING THE 4 APARTMENTS
ENTRE AVENIDA DE
ACOSTA Y ARANGUREN
REPARTO SANTOS SUAREZ
BUENA VENTURA #612 Dad Lived here
ENTRE SAN FRANCICO Y
MILAGROS /VIBORA/LAWTON

Calle Gutierrez #211 entre mendoza y Godinez
en los altos. parada al edificio, el de la
mano iy. eran 4 casitas al frente y aptos
detrás en Marianao. (RICARDO La Ceiba) Vivió mami desde 5 ó 6
años hasta 13 ó 14. Fui al colegio americano
metodista de niñas, se llamaba "Colegio
Buenavista", y el brother school de varones
se llamaba "Chandler College" estaba enfrente
uno del oto y ahi iban tu padre y Tony.
Para ir al colegio estando en Gutierrez caminas
hasta la calle Mendoza, despues Primelles
y despues Miramar creo que estaban en la
calle Miramar.
De esa casa, nos mudamos cerca que la
dirección era: Avenida 41 #542 entre Primelles
y Miramar, era una avenida. (aquí fuimos novios)
Estudié musica en el "Conservatorio Peyrellade"
la dirección es: Reina #453 en la Habana
a lado de la Iglesia El Sagrado corazon que es
bella, El Conservatorio estaba en el 2° piso.
La casa de la Ave 41 eran una abajo y otra
arriba, nosotros vivíamos arriba.
Despues estudié en el Vedado en 23 y D en
la "Nobel Academy" pero no tengo la dirección
pero está como a 2 ó 3 casas de la esquina 23 y D
Habia un parque en la esquina y ahi conversaron
tu padre y yo... de ahi con 16 años para Puerto Rico,
N. Jersey y Miami. EN ESE PARQUE DE 23 Y D NOS HICIMOS
NOVIOS.

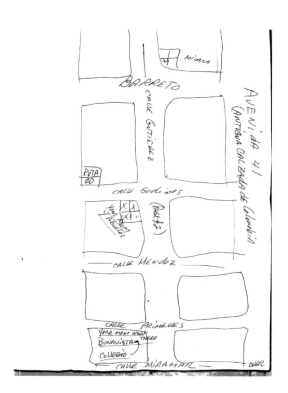

MI CASA

BARRETO

CALLE GUTIÉRREZ

AVENIDA 41
(ANTIGUA CALZADA DE COLUMBIA)

RUTA
20

CALLE Godinos

(Page #2)

YOUR MOM
TRABAJOS

CALLE MENDEZ

CALLE PRIMELLES

YOUR MOM WORK
THERE

BUENAVISTA

COLLEGIO

CALLE MIRAMAR   OVER →

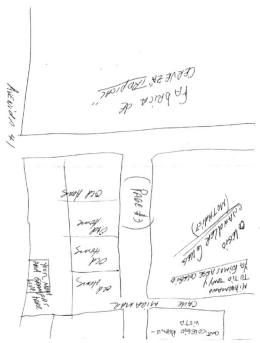

FÁbrica de
"CERVEZA TROPICAL"

AVENIDA 41

(Page #3)

Old Home

Old Home

Old Home

Old Home

Old Home

YOUR MOM POP
AND GRANDPAS
LIVE HERE

CALLE MIRAMAR

@ LEGIO CHANDLER CLUB
(METHODIST)

MI HERMANO
TIO TONY Y
YO FIRST ROSE QUÉ

Our COLEGIO BUENA-
VISTA

13

The preparation for this trip allowed me the opportunity to request my parents' information about their home addresses, the names of the schools they attended, clubs where they danced, special landmarks, such as the site of their first kiss and the park where they started their relationship, and with descriptions of streets and homes that were very important to them in Cuba.

They provided me with as much information as they could remember. To me, this was an indirect way of obtaining their blessing to return to the homeland. I am not sure that anyone has ever been privileged to such detailed, important, unique information pertaining to their former lives in Cuba.

In our household, specifics of life in Cuba were discussed sparingly. Intimate details and exact locations of family landmarks were never necessary because we never thought we would be able to travel to Cuba, but as the trip became more of a reality, these intimate details were more crucial to obtain. This information alone would be worth the trip. They might not be with me in person to experience this cultural reunification with Cuba, but they would be with me in mind, heart, and spirit.

So, here I am, a forty-six-year-old Cuban American man making his first trek to Cuba. A simple destination considering my travel history. After spending my life working since a young age, and attending school nonstop, I graduated with my Juris Doctorate and my master's in law and could finally afford to see the world. In the subsequent years, I traveled all over the globe.

Now I was traveling to the one place I wanted to visit the most: Cuba!

This is the most excited I had ever been about a destination. Due to the sensitive and personal nature of this trip, I wanted to make sure I was prepared to document every bit of it. So, I took the information my parents gave me and studied it for days. I took a map of Cuba to my parents in Miami and discussed with my dad where things could be located. My journal (or laptop) was formatted and ready for my entries. I labeled each day of the trip with the date and the scheduled destination. I thought this would keep me organized and ready for each day's events. Along with making sure I documented every aspect of this trip to share with my parents and siblings, I packed my newly-purchased Nikon digital camera with a backup battery in order to photograph as much as I could, to take as much of Cuba as possible back home in my journal, in my photos, and in my heart.

The trip was to commence at the easternmost part of the island, to get a better understanding of the layout of the land, get to know the different regions, and experience other areas before arriving at the most important location: Havana! Where my family history begins and ends.

Mom, Dad, Jim, Laurin, and I at dinner before departing to Cuba for the first time

On November 11, 2016, I traveled from Boston, where I currently reside, to Miami. After an overnight stay in Miami, I boarded my flight to the beautiful island of Cuba for eleven amazing days, landing in Holguín and making my way, by land, to Havana, where my dad was born and spent twenty years of his life. I also traveled to Pinar Del Rio, where my mom was born and remained until the age of three before relocating to Havana, where she lived three blocks away from my dad and remained until the age of fifteen.

I traveled with two friends. Jim is a really good friend of mine who has traveled with me to a total of eighty-nine countries and five continents, and counting! Laurin is also a special friend of mine that I met on a trip to China three years prior. We have a standing joke that we only travel to communist countries together.

What follows is my personal account of my first trip to Cuba.

Vintage Photo, taken by a local vendor, Havana, Cuba, November 2016

CHAPTER TWO

FLYING SOLO – MY FIRST TRIP TO CUBA

November 11, 2016, Friday - Miami/Holguín/Santiago:

Sights: Lunch at Hotel Pernik, city tour of Santiago.

Well, I made it to Cuba! Unbelievable. A lifetime of dreams to reconnect with my Cuban heritage and my people has finally come true.

For months, we heard stories of the check-in process. The fear of God is placed in you to make sure you have the proper documentation. Several times you are reminded of the documentations required and reminded to always keep your possessions with you. In fact, American Airlines even had a second company make a courtesy call to ensure we had everything needed to enter Cuba. We were told about the several checkpoints to pass before even entering the aircraft in Miami. The American Airlines gate agent stressed: "Do not enter the airplane until you receive a green round stamp." I have traveled to China and Russia, neither of which had these protocols. This only intensified my fears; the same fears my parents had for me before I left.

Our flight from Miami to Holguín was to depart at 10:20 a.m. We arrived at the airport four hours prior, as instructed. Where were the extra check-ins? And the green dot stamp? It took two seconds. Apparently, entering Cuba was going to be where the difficulty lay.

The flight was about an hour long. The beautiful ocean below was a captivating, royal blue. As we approached Cuba, I immediately noticed the large palm trees scattered through the airport. When we landed and I took in my first sights of Cuba, my eyes were filled with the beauty of the island and my heartbeat was beating faster than raindrops falling during a storm. I wanted to step on Cuban land and kiss it and embrace it.

I went through customs first, which was not difficult. They asked me for my passport, took my photo, asked how many days I was staying, and stamped my passport. I proceeded through the unlatched door by the immigration officer that shut behind me with a loud thump. Not bad for a descendant of parents who left pre-revolution.

About five minutes later, Laurin came through the door. Ten minutes later, no Jim. Fifteen minutes later, still no Jim. Laurin and I continued to wait as other passengers were released. Everyone had gone through customs. Laurin said Jim had been right behind her and walked into the booth but did not see him come out.

Was he sent back? Was he in an interrogation room? Were they asking him questions about me? Why would they want to detain an American?

About twenty minutes later, Jim appeared with a woman. He had been pulled into a separate room once he walked into the booth, to answer some basic questions about his visit to Cuba.

For the rest of the way through customs we were escorted by this woman, who handed us off to our tour guide. So, the Cuban American gets through Cuban immigration without a hitch, but the all-American gets sequestered and interrogated for half an hour. Go figure.

From the minute we stepped foot onto Cuba, the service and Cuban custom and style I was raised with was evident. Our guide Félix and our driver Dago were extremely comforting and accommodating. I felt instantly at home. Looking back from the check-in at Miami to arriving in Holguín, the actual process was no worse than any other country I have visited. In fact, it was much easier than I had expected.

Me in front of Cuba's skyline

We had to obtain Cuban currency upon landing because, unlike euros, Cuban pesos are not available in the United States currency exchanges. There are also no credit cards accepted anywhere on the island.

After changing some currency, we had a tour of the City of Holguín. Immediately you see a handful of vintage automobiles from the 1950s, which excited Jim, in all sorts of bright, gorgeous colors. Cuba is famous for its vintage automobiles. Beautiful, well-maintained cars from the 1950s and even the 1940s are everywhere.

Jim pictured with a row of vintage cars

Due to the 1959 revolution and the embargo with Cuba, the island could not receive new cars. The locals had to either let the cars run into disrepair or make do with the parts they could find in order to have personal transportation. Some people engineered parts to keep the cars running, which has turned into a phenomenon for Cuba. This frozen time period in Cuba is such a charming characteristic of the island, and probably another reason people love to visit.

I find the cars beautiful and interesting. They bring fond memories of my maternal grandfather who had a 1956 Oldsmobile in Hialeah, Florida. He would pick me up in it every day after school. I loved how it stood out from all the minivans or luxury vehicles picking up other children and made me feel special. Seeing these cars in Cuba transported me back to when I was five and six years old and my grandfather would pick me up exactly at 2:20 p.m. at Immaculate Conception School. I was reliving that moment frame by frame as a similar car passed me in the city of Holguín. I shook my head to bring me back to reality.

November 12, 2016, Saturday - Santiago:

Sights: Site for the Battle of San Juan Hills, El Cobre, El Morro de Santiago, Lunch at the restaurant El Morro, Castillo de San Pedro de la Roca, la casa de Diego Velázquez. Stay in Hotel San Juan.

Today we start the day with a tour of the battle of San Juan Hills, which is located right behind our hotel. The Battle of San Juan Hill (July 1, 1898), also known as the battle for the San Juan Heights, was a decisive battle of the Spanish-American War. The San Juan Heights was a north-south running elevation about two kilometers (2,200 yards) east of Santiago de Cuba. The names San Juan Hill and Kettle Hill were given to the location by the Americans.

This fight for the heights was the bloodiest and most famous battle of the war. It was also the location of the greatest victory for the Rough Riders, as claimed by the press and its new commander, Theodore Roosevelt, who would eventually become the vice-president and subsequently the president. Roosevelt was posthumously awarded the Medal of Honor in 2001 for his actions in Cuba. The American press at the time overlooked the fact that the Buffalo Soldiers of the 10th Cavalry and 24th Infantry Regiments had done most of the heaviest fighting.

We then head to see The Basílica de Nuestra Señora de la Caridad del Cobre which is located on a small hill abutting a serene landscape of greenery with tall palm trees scattered about. The building is painted in a vintage mustard color, grand in height on the outside but much smaller than expected on the inside. My mom, who is dedicated to her Catholic faith, insisted this was a sight I could not pass up. It is the original Señora de la Caridad of the famous Virgin Mary who appears before fishermen.

Here the main attraction is the statue of the Virgin Mary of Charity of Copper (Virgen de la Caridad del Cobre). This Madonna is richly dressed in yellow and wears a crown encrusted with diamonds, emeralds, and rubies, with a golden halo above her head. She carries a cross of diamonds and amethysts. This statue is kept in an air-conditioned glass case behind the high altar. A beautiful sight to behold. Unfortunately, she is propped so high on the altar that it is difficult to see her.

Enter my Nikon camera with a lens that magnifies ten times the size of an object. The Madonna stands proudly and comfortably in her ten by ten box, pristine as can be. Her pressed robe is as white as freshly-fallen snow. Her decorative jewelry is shiny, as if just cleaned. Hundreds of pilgrims flocked the church to catch a glimpse and pray to her for guidance and solace.

From El Cobre we travel to El Castillo del Morro San Pedro de la Roca, a fort at the entrance of the Bay of Santiago. The fort sits at the edge of a cliff and has several floors with gorgeous views of the area surrounding the bay. We have lunch at a restaurant called El Morro, of course. As we eat our Cuban sandwiches of ham, pork, and cheese, we sit along the edge of the cliff with stunning views of the water.

From El Castillo del Morro San Pedro de la Roca we take a tour of Diego Velázquez's home. Diego was a conquistador who became the mayor of Santiago. On our way to this landmark, we cross a major square filled with children laughing, chasing and kicking balls, teenagers taking advantage of the free internet, and elderly couples walking hand-in-hand enjoying coconut ice cream. As we approach the home, vintage rusting lamps outline the park.

Diego Velázquez's home is the oldest in Cuba. From the outside, it looks like a commercial property. For the most part, it is a cement square box, with a wrap-around balcony on the second floor, but it is covered with a wooden lattice, as well as all the windows, mainly for privacy and protection. The home is decorated in its original vintage décor and furniture. It was designed in labyrinthine fashion so that visitors would not be able to remember where rooms were located. Quite an interesting site to tour and definitely one of the highlights of Santiago!

November 13, 2016, Sunday – Santiago/Bayamo/Camagüey:

Sights: City tour of Bayamo, Iglesias San Salvador de Bayamo, La Capilla de Dolores, Casa Natal de Perucho Figueredo. Lunch Hotel Royalton. City tour of Camagüey, Plaza San Juan de Dios, Iglesia de la Merced.

Before heading out to Bayamo, we decide to have breakfast. This is our second night at this hotel, and I have become friendly with the staff. Our waitress, Evian (just like the water), knows that this is our last day. She asks me if I like Santiago and I reply that I love it. She then proceeds to ask me if I am Hispanic. I say yes! She continues, "Cuban blood?" "Sí," I reply. She explains that she had a strong feeling that I was because of my features, my expressions, and my perfect Spanish! My mom would be so proud! She then leans in for a hug and says, "Bienvenido a Santiago. Que regreses pronto." Translation: Welcome to Santiago. May you return soon.

I did not go to Cuba to get confirmation of my heritage, but it feels great to receive such an affirmation from a local. A native of Cuba. It provides a validation

I never thought I needed. It makes me feel more at home here. It is funny how I grew up in Miami with Cuban traditions, and I can be spotted by Cubans in Cuba as one of them. When I travel with a beard, I get Arabic or Italian vibes but never Latino everywhere else I travel. But here, there is no doubt I am Cuban.

Me

The feeling of belonging is so powerful at this very moment. To be raised by Cuban parents in Miami, during a time when Miami was not heavily populated by Cubans, and that my mannerisms, the Spanish I was taught, is exactly the same as if I had grown up in Cuba. I fit right in.

We commence our trek toward Bayamo, where the Cuban national anthem was written and composed. One thing about Cubans: they are proud! Just ask my dad! Being proud of your heritage is ingrained in every Cuban. I can say, from personal experience, that Cubans are taught to be proud from the day they are born.

In the United States, or at least in the schools where I grew up, we would say the pledge of allegiance every morning. In Cuba, the national anthem is sung at schools, sporting events, gatherings, concerts, and every event in between. Naturally, this was important for me, growing up with two national anthems. It was important to see where the Cuban national anthem was written. Below is the anthem.

Spanish:

¡Al combate, corred, bayameses!,
Que la patria os contempla orgullosa;
No temáis una muerte gloriosa,
Que morir por la patria es vivir.
En cadenas vivir es vivir
En afrenta y oprobio sumido.
Del clarín escuchad el sonido:
¡A las armas, valientes, corred!

No temáis los feroces íberos,
Son cobardes cual todo tirano.
No resisten al bravo cubano;
Para siempre su imperio cayó.
¡Cuba libre! Ya España murió,
Su poder y su orgullo ¿do es ido?
¡Del clarín escuchad el sonido:
¡¡A las armas!!, valientes, corred!

Contemplad nuestras huestes triunfantes,
Contempladlos a ellos caídos.
Por cobardes huyeron vencidos;
¡Por valientes, sabemos triunfar!
¡Cuba libre! podemos gritar
Del cañón al terrible estampido.
¡Del clarín escuchad el sonido:
¡¡A las armas!!, valientes, corred!

English:

To combat, run, Bayamesans!
For the homeland looks proudly upon you;
Do not fear a glorious death,
For to die for the homeland is to live.
To live in chains is to live
Mired in shame and disgrace.

Hear the sound of the bugle:
To arms, brave ones, run!

Fear not the vicious Iberians,
They are cowards like every tyrant.
They cannot oppose the spirited Cuban;
Their empire has forever fallen.
Free Cuba! Spain has already died,
Its power and pride, where did it go?
Hear the sound of the bugle:
To arms, brave ones, run!

Behold our triumphant troops,
Behold those who have fallen.
Because they were cowards, they flee defeated;
Because we were brave, we knew how to triumph.
Free Cuba! we can shout
From the cannon's terrible boom.
Hear the sound of the bugle,
To arms, brave ones, run!

National anthem plaque

Bayamo also served as the location of the Spanish American War and many battles during the War of Independence from Spain.

It takes nearly all day to travel from Santiago to Camagüey, with a stop in Bayamo. One of the things I notice during this ride is the lack of public transportation. It is basically nonexistent. We are traveling in an air-conditioned minivan just for us five: me, my two friends, the driver, and our guide, but the people of Cuba must wait in certain areas for hours in very hot weather, sometimes over ninety degrees Fahrenheit.

They wait under bridges or the shade of trees until an old bus stops, mostly with standing room only. Sometimes they wait for a motorcycle, a moped, or any form of transportation to arrive to take them. When there are no buses, there are horses and carriages, but this only carries three people, max. Suddenly my Fiat back home does not seem so small.

Our guide Félix tells us that people usually wait for hours. When not working, he too must take this form of transportation and there are days where he waits up to five hours to get to his destination.

We arrive in Camagüey around 4:30 p.m., exhausted from being in the van for several hours. The van constantly rumbles because of the rough roads. We are staying just outside the city of Camagüey and going into the city in the evening for dinner and a tour of the city at night.

Camagüey is Cuba's third largest city. Many of its buildings are dressed in different pastel colors that are beautifully illuminated at night. The street-lined post lamps provide a romantic Edison light ambience that enhances the experience of this city.

At dinner we are greeted by the hostess dressed in typical Cuban female attire: a tight-fitted tropical dress with a typical Caribbean flower print. The heels of her shoes have seen better days. She also serves as the restaurant's entertainment. Her voice is pure and in perfect pitch as she serenades us in the typical Cuban form. She moves about the restaurant like an Olympic figure skater.

Our dinner shows up with the Cuban staples of black beans and rice, and shredded meat. The evening ends with us finishing our piña coladas while walking along the moonlit ocean back to our hotel to retire for the evening.

November 14, 2016, Monday – Camagüey/Trinidad:

Sights: City tour of Camagüey, Iglesias Parroquia Mayor, Puente del Río Yayabo. Sancti Spiritus. Dinner at Paladar Solananda.

Today we commence the day with a tour of Camagüey, a city known for its theatre district. Posters of old-time celebrities, behind commercial art frames, still adorn the walls. Vintage movie posters such as Casablanca, Gone with the Wind, and Singing in the Rain are enclosed in glass cases. Iron works of movie cameras and film wheels also adorn the city halls.

Camagüey is recognized for its preserved city center. The buildings are painted in bright primary colors right out of a crayon box. A quick tour of a small church has a Virgin Mary on the altar, a change from the usual Jesus statue on a cross. Walking toward the Puente del Río Yayabo, I was informed of a myth that it was made with one important ingredient, cow's milk, to wet the mixture of lime and salt and that it contained no cement. We pass a Cuban law office, Servicios Legales. (Nice to know I would have had work here). We also pass a wall plaque for one of Cuba's best-known poets, Nicolás Guillén.

We spend the afternoon at the Plaza del Carmen and visit an art exposition of Martha Jiménez, known for her famous bronze sculpture of The Gossips. The afternoon ends with a tour of a church, Iglesia de la Candelaria. We stop for a few cold beverages, Cuban beers known as Crystal, and a café con leche (coffee with milk) for a pick me up at Café de la Ciudad before walking through a pedestrian shopping street cluttered with different types of shops with relics to purchase.

While on our journey toward Sancti Spiritus—a very bumpy, slow ride—the streets are lined with large, tall palm trees grand enough for a king's arrival. The green-painted landscape is so beautiful it seemed like a carefully painted portrait that you would hang above your mantel.

Lunch was at Casa Bucanero, a cute, off-the-road grille and snack bar just outside the city of Sancti Spiritus. For lunch, we eat big Cuban sandwiches called medianoches, which is a soft, doughy sweet bread with ham, pork, cheese, and pickles. After lunch, which was good, but heavy, we headed to our city tour of Sancti Spiritus.

The Serafín Sánchez Square, also referred to as the main square, is adorned with beautifully painted colonial buildings, separated by perfectly painted lines, like trying to color inside the lines in a coloring book. The streets are busy with scattered Cuban locals buzzing around on a typical Monday afternoon.

The plaza

Our last stop is a visit to a beautiful church, Iglesia Parroquia Mayor, which is attached to a tall watch tower that stands over the city of Sancti Spiritus, several stories high. Once at the top, we are treated to gorgeous views of the city below, witnessing the daily happenings of the city. From way up high, we are unable to hear the hustle and bustle of the busy city below. There is no sound other than the gentle wind blowing through the tower's open windows and the occasional ringing of the bells.

Bell Tower Camagüey

On the wall, a faded sign reads, "Suena las campanas para la buena suerte" (ring the bells for good luck). How can I ignore the thick frayed rope connected to the large, vintage, brass bells? The bells are approximately three feet tall and very heavy, but I am determined to pull on that rope for good luck! I wrap the dirty rope around my right forearm, take my left arm and stretch it over my right as high as possible, and pull as hard as I could. I repeat this motion several times until a peaceful ringing sound was heard throughout the city and for the people below to enjoy. As the ring echoed through the city below a smile slowly appeared on my face brining happiness within for my future good fortune.

Off we go to Trinidad. This original city is lined with cobblestone streets and decorated with pastel-colored homes. Children occupy the streets, playing soccer without shoes, their bare feet running over the cobblestone as if on soft beach sand. As we arrive, the burnt orange sunset covers the city, and the locals prepare for dinner and cocktails, congregating at their door stoops, waiting for casual conversation with friends and neighbors.

Tonight will be our first stay in a casa particular, a private home. This is common on the island. It's an excellent way for the locals to make money and a decent way for us to save money and experience how the locals live. Very much how renting homes works these days. Hotels were booked a year in advance and private homes for short stays are commonplace, especially for the very popular city of Trinidad.

Most of the tourists are from Canada and the United States, with a small group from Europe. As we stroll toward our host family's home, I notice that the homes are modest and in need of some repairs, although nicely painted in pastel colors.

Nerva and Carlos greet us at the door and welcome us into their home. I am eager to have this experience, to see first-hand how the locals live. The home is larger than I expected. The front door, only three steps up from the street, leads to a narrow, open floor plan living room. Their son is watching a rather large TV and sitting on a long couch covered in plastic—a common feature in Latin communities.

We take one long flight of stairs with narrow steps to a second floor that creaks with every step, and then travel down a hall that leads to a bedroom with two full beds and one full bathroom. The bedspread is a very light material with floral prints. Old family photos adorn the walls. The bathroom is small, decorated in Pepto Bismol pink tile. A basic setup, but it seems more adequate and nicer than I expected, judging from the outside condition of the homes. Nerva and Carlos are extremely welcoming and opened their entire home to us and the other guests staying there. The home features a two-level porch that peers over the touristy streets below. As I approach the balcony to get a glimpse of the small town, I notice more unique vintage cars zipping by, passing pedestrians and mopeds. Tourists roam the streets, admiring the unique details of this precious town.

I cannot get over the beauty of these vintage cars. They come in all shapes and sizes with only two things in common—they were all built in the 1950s or earlier, and still run. It has become a challenge to photograph these timeless masterpieces in front of the colorful buildings that match their distinctive paint colors, in order to capture the essence of each city.

We have dinner at a unique restaurant that was previously a home. They kept the furniture in place and set up dinner tables around it. Tables are set in front of beds, armoires, shelves and the like. The beds are covered with bottles of wine for your choosing.

After dinner, Jim and I stop at Terraza (a rooftop bar) for a nightcap and we each have a Canchanchara, a drink made with water, rum, honey, and lime juice. A first for me. This is a typical drink for this region. How could I pass that up? It was simply delicious.

November 15, 2016, Tuesday - Cienfuegos/Varadero:

Sights: Proyecto Aldaba. City tour of Cienfuegos, Parque Marti, Teatro Terry, Prado. Lunch at Club Cienfuegos.

Cienfuegos (100 fires) is a small town known for its main square and surrounded by well-preserved colonial buildings. The main squares of these small towns are where the locals meet to share a drink and smoke cigars, and where families take their children to play. Some children are flying small, colorful kites in different shapes, including animal figures. Teenagers hover in the same areas for the free Wi-Fi.

Cienfuegos is also known for its access to the bay and a gorgeous well-preserved theatre that is still in use today, Teatro Terry. The theatre is named after Terry Thompson, a prominent businessman whose fortune grew to be the largest in the world, with a net worth of twenty-five million in 1886. The theater's horseshoe shape resembles a colosseum. Staircases adorn the theater along both sides, and the building has four floors for spectators all facing the stage. Red velvet curtains hang, exposing the shiny black stage. The majestic details are gratifying to capture and admire. The ceilings are covered in Baroque style artwork that should be in the Louvre in Paris. It is a quaint little town with much to offer the naked eye.

Varadero Beach

November 16, 2016, Wednesday - Varadero/Havana:

Sights: Spend the morning in Varadero. City tour of Old Havana.

Growing up, I constantly heard my mom say, "Varadero is the most beautiful beach in the world." The anticipation of visiting Varadero was exciting and probably the second-most important stop for me. Upon arriving at the beach, you notice messages written by lovers on the sand from the evening before, their names drawn with a tree branch inside a large, outlined heart being slowly erased by the receding, thunderous waves from the ocean, like an eraser to a chalkboard.

Varadero sand.

Elsewhere on the beach, you notice the perfectly dotted imprints from the pounding morning rain. As I walk barefoot along the shore, I instantly feel the soft velvet, caramelized, shell-less sand that is as soft as flour, just like my mom described. I take my finger and write a message on the sand: "Cuba, tus hijos lloran."

The water is a piercing aquamarine color, as if it was just freshly painted with broad strokes of bright watercolors, yet it is as clear as glass. Slowly, the quiet beach becomes populated with visitors from around the world. Once a beach for locals, Varadero is now a resort-like getaway for foreigners.

For a few moments, while taking in the beauty of Varadero and looking into the ocean as far as my eyes can see, I transport myself to 1958, when my mom and dad could have walked this same beach and swum in this same ocean. Unbeknownst to them, it would be years before they would be able to experience these emotions through me as I try to capture and secure these moments through a camera lens. After many years of stories and tales of Varadero, I can now confirm that Varadero is the most beautiful beach in the world.

Varadero Beach

I needed this moment of reflection to think and absorb the trip so far and appreciate the opportunity I have been given. I purposefully started my trip of Cuba at the most eastern part of the island, working my way to Havana, the main event. I needed an opportunity to gather my thoughts before the emotional impact that Havana would have on me.

Thus far, being exposed to my culture and connecting with the Cuban people has been so uplifting and invigorating. My travels through the island, even before setting foot where my parents grew up, have been so inspiring and mesmerizing. I feel a stronger pride for my heritage than ever before. I am beginning to understand the meaning of being Cuban, the courage and strength that goes along with saying, "I am Cuban." My parents are Cuban, and I am damn proud of it.

After a day in paradise, we make our way to Havana. The entire trip has been so enlightening. Intimately getting to know the people of Cuba, its culture, and its food. Every stop along the way has been educational from a tourist standpoint, but more importantly from the standpoint of a child of refugee parents from this very country. This trip has given me a deep appreciation of its people, my people. Never have I been so prepared, eager, and ready to arrive in Havana.

It is a two-hour drive to our hotel in Havana, located right in the center of the city. This is the most pivotal stop of this trip. Havana is where all my family history began.

Upon entering the city, you immediately notice its beauty and its architectural designs. Your eyes play tricks on you. The beautiful architecture of the buildings is breathtaking, but once your eyes settle onto the details of the buildings, you notice the massive disrepair. Sadness overcomes you when your mind drifts to the days when Cuba was a popular destination for everybody. Especially old-time Hollywood.

The Havana skyline

The cracking paint in large folds makes your heart hurt. This does not seem to bother the Cuban people. I wonder why, and the only answer I can come up with is that they are used to it. They are accustomed to the few essentials. You live to survive and survive to live. The struggle to hustle and make a few quick bucks becomes the center of your world. Decaying architecture throughout the entire island is not a priority.

As we arrive, the city is in a joyous mood, because Havana is preparing to celebrate its 497th anniversary.

Musicians fill the streets playing Latin music unlike anywhere else on the island, with large buckets for tips. Havana is known as the party city, so the essence of Cuban music is more prevalent here. As the most popular tourist stop, whether by cruise ship or plane, you will find more locals here performing for your tips.

One of the most distinguishing aspects of Havana that I notice almost immediately is the music. Cuban music is the only type of music you will hear. As dusk falls over the pedestrian-filled streets of the city, casting a light burnt orange over Old Havana, like a can of paint carefully poured slowly over a canvas, and as the sun sets and hides, you start to see musicians emerge, of all ages, ready to perform at their second and third jobs of playing an instrument or singing at the many little boutique cafes and bars.

And as you walk through the narrow streets connecting the gorgeous plazas, you hear the gifted musicians demonstrating their amazing talents with the greatest of ease. The music seeps through the alleys as you gaze into little knick-knack stores that also serve as the owner's living space.

Cigar smoke evaporates into the air above the elderly gentlemen who sit in rocking chairs, enjoying their people-watching. Tourists from all over the world are trying to capture the moment with cellular phones and cameras.

The cobblestone streets are filled with inquisitive tourists shopping, talking, and observing all things Cuban. Music also fills the alleys, and both the locals and visitors dance in the streets. This is just as my dad described it to me: the happiest and most entertaining city on the island. I choose not to believe that this is a coincidence since I am witnessing my dad's description of Havana come to life right before my eyes. I choose to believe that this is Havana. This is my home.

November 17, 2016, Thursday - Havana:

Sights: City tour of Havana Moderna, Malecón, 5ta Ave, Plaza de la Revolución, traslado para el Morro. Visit to Morro-Cabaña. Free afternoon.

We begin our tour of Havana in a bright pink 1950s Chevy, driving through the streets of Havana as if it is 1951. In fact, it still looks like it did in the 1950s. The buildings, the roads, the tall, thick palm trees lining the streets all resemble this era. Our vintage car tour ends at El Morro, another landmark instilled in my imagination throughout my childhood. An important landmark for several reasons. This area protects the harbor and has appeared in several movies. The views of Havana are breathtaking from this vantage point. The simple, yet distinguishing skyline seems like a Lego project gone 3D, separated by the beautiful, crystal blue Atlantic Ocean.

Today we commence the Iglesias family history adventure. My two friends are just as eager as I am to learn about where I came from. Both have an interest in history, have met my parents, and have heard about all of the trials and tribulations my family has faced. Besides Otto's family history, it is still HIStory, right?

First stop? The Academy of Music where my mom took piano lessons. Although my mom learned to play from my maternal grandmother, there comes a point when a higher level of piano teaching is required, and my mom auditioned to get accepted into this academy. Not much to expect other than to try to find a brick-and-mortar building, take some photos of the outside, and move on.

Me at my mom's academy of music in Havana, Cuba

However, much to my surprise, my awesome tour guide, Félix, takes it upon himself to ask someone going into the building if this was previously a music conservatory. The man replies that it was in the past. Félix then asks if I could come in and see it.

Suddenly, brick and mortar become an emotional connection directly to my mom. My heart starts beating fast and I am a bit nervous, not sure why. Is it because I am entering a stranger's home? Is it because I am getting a glimpse of my mom's life? Is it that I am discovering family history without her? Or is it coming from a place of excitement because this is the first part of intimate family history I am experiencing? Probably all of the above.

How euphoric to walk the marble staircase that mom walked many times to take her piano lessons, leading to an open floor plan. The room is dark, in very bad disrepair, but to me it is like it was in the 1950s. The crushed velvet wallpaper hanging by threads covers some of the walls. The hole-filled ceiling provides some sunlight and the French doors overlooking Reina (the street below) are propped open, casting light on a dilapidated black concert piano nestled in a corner.

I walk briskly to the piano. I stare at it for what seems like hours, until I turn to the older gentleman and ask him if this piano is originally from the conservatory. He replies, "Yes, it is." I slowly turn to the piano again and think about my mom playing and practicing on that very piano fifty years prior. This moment alone is worth the trip. I instantly feel a deeper connection to my mom. My sister's road from beginner pianist to Juilliard graduate started in this old building in Havana, Cuba.

Inside the academy of music

My maternal-grandmother, Flora, and my sister Amaryllis playing the piano

How fascinating that these old, decrepit buildings become much more meaningful when you walk the same footsteps of those before you, and you feel a deeper connection to a person because you exposed yourself and placed yourself in their shoes just by stepping inside, walking their walk, and allowing the history contained in those walls to come alive through simple stories told during your childhood.

Next stop, a pedestrian park where my parents commenced their relationship, Parque Mariana Grajales. Mind you, these specific family landmarks were located based on written, detailed notes drafted by my parents before I left. Notes taken from memory older than fifty years. Post-revolution street names were changed from names to numbers, so locating the places sometimes presents a challenge. However, based on the information my dad provided, we locate the exact bench (although it has been replaced) where he courted my mom before he left for Spain and they were subsequently separated for a year.

I picture a very young Lázaro, nervous as can be, mentally preparing himself to sweep my mom off her feet. His hair slicked back, leaving a trail of his cologne with every step he took (like father like son). Deep in his pocket is a small ring box containing a simple but beautiful promise ring, which my mom still wears to this day.

As my mom looks away for a moment, he gets on bended knee with the box open. When my mom finally turns her head, she is caught by surprise, and at that moment he asks her to be his girlfriend. Simple, yet so meaningful and chivalrous. Unbeknownst to them, this would be the beginning of a long wait, separated by thousands of miles, before they would see each other again.

The park is a large square with a sidewalk at the periphery and running through it. A few scattered trees about. Behind this park and down the street is one of the schools my mom attended. At the time, secretary school was an option. With my mom's piano talent, typing was as easy as pie. Although being a concert pianist was her first choice of a career, the likelihood of making a decent living was minimal, so being a secretary was her backup plan.

I take a moment to picture a young Amaryllis (my mom), and a young Lázaro (my dad), strolling through that park oh so many years before. It is quite an emotional afternoon, to say the least.

Traveling through Cuba and learning about its people and culture has been so exhilarating. I have now reached the pivotal point of this trip where I learn specifically about my family history. Today is one of those days where you feel the tenseness in your shoulders and head and start to develop a slight headache.

I needed to take a minute. We finish with lunch at a chic little restaurant called VIP Havana. The type of place that has white linen tablecloths and crystal glasses on the table.

We arrive early for lunch, around 11:00 a.m., so we have the quaint little place to ourselves, which is a nice change of pace, especially for today. The food and service are exceptional. I assume that, due to the pricey menu, the foot traffic is not as heavy. This boutique restaurant is definitely more for tourists than for locals.

Following lunch, we drive to my parents' neighborhood and attempt to locate their homes. I know this is the right neighborhood, but the exact homes are difficult to find because of the now numbered streets. We spend several hours roaming the streets, photographing homes and talking with locals to see if they remembered anything from fifty years ago.

Although my friends do not speak Spanish, one is trying to figure out the map drawn by my parents and the other is with our guide Félix, trying to understand the layout of the area. One of the goals of the communist party was to take from the haves and give to the have-nots, or so they said. Those now residing in the homes "benefited" from the revolution and were relocated to these homes, so they have no information to provide, nor any recollection of how the streets were named. However, they are very gracious and do their best to help.

Before I leave, I notice at a distance a building I believe to be my dad's high school, Belén. We are not allowed to approach the school because Cuba's military police are pacing around the building, and only police or those with official business can come near, presumably due to the sensitive nature of government information.

I would compare it to being near The Pentagon in Washington, DC. It is a tad frightening only because I can still hear, faintly, in the back of my mind, my parents warning me to be careful in Cuba. Out of precaution, I observe from a distance and hurry along.

Describing the emotional rollercoaster of this day is difficult. Imagine building a jigsaw puzzle. It takes you days, weeks, maybe even years depending on the complexity of the puzzle, working on it sporadically, and when you get to the very end you are missing a few pieces. You can tell what the picture is, or can make out some of it, but the missing pieces would make the puzzle complete and perfect.

Walking the very streets that my parents did more than fifty years ago and finding these beautiful, intricate landmarks with minimal directions and never having been there before was both exciting and satisfying—these are some of the missing pieces of my family puzzle. The excitement and satisfaction of making these difficult connections is beyond priceless and rewarding.

Our next stop, and an important one at that, is the Capitol building. Here is another bit of Iglesias lore. According to my dad, the land where the Capitol sits as well as the beautifully manicured park next to the Capitol belonged to my dad's side of the family, my great-great-paternal grandfather to be exact, pre-revolution.

In recent years, my dad has searched for documentation to reclaim this property in the event Cuba is freed and communism eradicated from the country. My dad has contacted lawyers both in Miami and in Cuba to obtain documents to prove the land belongs to our family. Intensive, delicate research is being conducted in preparation for when, and if, freedom is achieved in Cuba.

My dad described the Capitol building as one of the most beautiful in the world. Words cannot express my desire to see this building and the lands upon which they sit that belong to us. The building is immediately recognizable. The beautiful round dome is prominent and placed in the center of a large rectangular pedestal that is rounded at both ends. The dome stretches high and is as white as the thunderous crest of a wave.

Although the building is under renovation and covered by scaffolding, it does not take away from the exceptional beauty of this massive building, which represents a significant landmark in the city of Havana and a significant landmark in my life. It is probably one of the most majestic buildings of Cuba and definitely one that is maintained and cared for the most, in contrast to the rest of the buildings surrounding it that are old and possibly a hazard as they currently stand.

If you can see past the renovations required, Cuban architecture is beyond gorgeous. The only building that is kept up-to-date, clean, and modern is the beautiful Capitol building, it looks like it receives the most attention. At first it seems like an oasis in the middle of a desert, even with scaffolding obstructing its view.

In front of El Capitolio in Cuba

It baffles me that certain buildings in Cuba are clearly cared for and protected. They are freshly painted, and the surroundings are clean with a meticulously kept landscape. However, other beautiful buildings with amazing architecture are on the verge of becoming rubble.

You are looking at the gorgeous Capitol building, with its massive presence and beauty, and then you look across the street, directly in front of the Capitol, where an abandoned building stretches the entire length of a large city block with four floors and the windows are boarded up with empty storefronts. If you look closely at the details, you can appreciate what it was in the past.

The government, unfortunately, has allowed many of these precious, beautiful, intricately detailed buildings to fall into disrepair. It pains me down to my core because you can see the potential beauty that this main area of Havana has. You can picture the glitz, glamour, and prestige Cuba had back in the day.

In general, Cuba tries to hide the island's poverty from tourists. More so in Havana. In major cities, the locals use the first floor of their apartments as artisan shops and earn more money because they draw tourists. However, this does not mean they are allowed more access to food and other products, at least not in the open market. All the food to the locals is regulated and measured: one gallon of milk per week for example. They might be able to negotiate with others if they have the money to do so, and these artisan shops provide them with that opportunity.

To recap this emotional day, we celebrated with drinks at La Bodeguita del Medio, then at the rooftop of Ambos Mundos, and finally at La Floridita. These were also locations where Ernest Hemingway passed his time with the local Cuban community. Before purchasing his estate in Cuba, Hemingway rented a room in

Ambos Mundos and often frequented La Bodeguita del Medio, the birthplace of the famous mojito, and La Floridita, the cradle of the daiquiri.

We then stroll over to the Plaza Vieja one last time for a few more cocktails and finish with appetizers, which consists of empanadas and papas rellenas, at La Vitrola, the restaurant where Madonna celebrated her fifty-eighth birthday two months ago. Dinner is pizza, and the day ends with a walk back to our hotel via Obispo to La Plaza Central and El Malecón.

Sitting on the Malecón

November 18, 2016, Friday - Pinar del Río and Havana:

Sights: Viñales. City tour, Museo Municipal, Proyecto Comunitario. Las Terrazas, Panoramic tour, visit Café de María. Dinner and show at Tropicana Club.

Today we are venturing on a day trip to Pinar del Rio, which is approximately a two-hour drive from Havana. This is where my mom was born and remained until the age of three, before she relocated with my maternal grandparents to Havana. I probably saw more of this little town than my mom remembers, since she left as an infant.

In the square in Pinar Del Río

I would describe Pinar del Río as a quiet, small town known for its columns. Most buildings contain tall, cylindrical columns in beautiful, pastel colors. Here is where they grow tobacco for those world-famous Cohiba cigars. Tobacco leaves are large and forest green in color, somewhat in an oval shape with prominent, vein-like lines down the middle and tiny, smaller veins protruding from the center. The leaves are hand-picked and neatly stacked, eventually set out to dry in well-ventilated barns. The tobacco leaves require a warm climate with rich, well-drained soil.

Pinar del Río

On our way to Pinar del Rio, we make a stop at Viñales, a gorgeous small town and municipality in the north-central part of Pinar del Rio. Viñales has the perfect environment and climate for tobacco, which is why the Cohiba tobacco leaves come from here. The town consists of one-story wooden houses with large porches.

Cohibas

Viñales is known as one of Cuba's most beautiful natural wonders. The view is spectacular from atop a mountain that is set up as a lookout for visitors. As your eyes capture the view, you notice the valley filled with rows of very green, thick, and plush tobacco fields, lined with tall, thick palm trees sprouting like a tree firework display. In the distance, plush, green foliage covers the mountains. It's the most picture-perfect natural wonder I have ever seen.

After lunch, we experience the art of José Fuster. Fuster is a Cuban artist, painter and sculptor who has dedicated himself to enhancing areas, specifically homes, of low-income and impoverished locals. He started by decorating his house and his neighbor's houses. His art consists of what looks like a Crayola box of crayons in broken tile pieces placed meticulously to form a color 3D mural on city walls, the outside of his own home, and on the outer walls of his neighbors' homes—that is, if the neighbors gave permission for him to use their home as a canvas. The principle behind his art is to make an undesirable home in ruination more appealing. The homes become his canvas, and he covers the entire façade of the home with his art.

In essence, the home receives a free makeover. Strolling through the area of Jaimanitas, where the outside gallery of sorts was located, you can see how well this idea worked. The bright, colorful displays are captivating. It is a small village of these joyful displays of his art.

Later in the evening, upon entering our hotel, my two friends and I purchase tickets to the world-famous Tropicana Club. For years I have heard my dad talk about Tropicana being "The greatest club in the world." He mentioned it to me no fewer than ten times: "No dejes de ir al Tropicana." Don't forget to go to Tropicana.

Have we noticed a theme here? Everything in Cuba is the greatest and the best! So far, I can say that I agree with my parents' declarations.

In preparation for the evening, I go shopping for the perfect attire: a white guayabera (a men's shirt typically distinguished by two vertical rows of closely sewn pleats that run the entire length of the front and back of the shirt, usually worn untucked). I cannot remember the last time I wore one. As a child old-fashioned shirts are uncool and I refused to wear them. I remember my dad gifting me one in my teens. Now, as I have grown older and wiser, this shirt, this traditional Cuban attire, is a direct connection between me and the Cuban people and between me and my dad. More than ever, I want to wear a guayabera, a beautiful symbol of Cuba.

With so many shops selling them, the search for the right one is not difficult. They are always on hangers, never folded, and usually in light pastel colors. The high-end ones are made of linen. They come in both long sleeves, for a more formal appearance, or short sleeves, for a more casual look. I find the perfect guayabera in the Hotel Nacional gift shop. The color? I go for white as a symbol of new beginnings, for my first time to Tropicana.

I cannot start the evening without a straw hat, a staple for a Cuban gentleman. No detail will be left out. I do my best to channel "El Chary," a nickname that was given to my dad while he lived in Cuba by his friend Lesver de Quiros, a well-known oil painter. With so many men named Lázaro, my dad was called El Chary one day and it stuck. These days, if anyone refers to my dad as El Chary he knows it must be someone from his childhood in Cuba.

This is definitely one of the evenings I have been looking forward to the most. Our cab, round trip, was a 1940's black and white Chevy that was featured in the movie The Fast and the Furious 8. The driver named his car Al Capone. Driving to Tropicana was an experience in itself, mainly because I was excited to attend one of the clubs that my dad spoke so highly about.

Inside Al Capone on the way to Tropicana

Tropicana is a well-known—I would even say world-famous—cabaret and night club. Nestled in a non-assuming location within a residential neighborhood in Havana, Tropicana is also unique for its stage under the stars. The theater is an open-air arena filled with tables and chairs on different levels, all facing a large stage. As you look up while seated, the picturesque, dark blue sky displays bright, twinkling stars.

As a side note, even though the name is Tropicana Nightclub, it is not a nightclub, per se, in the sense of the word where people congregate, drink alcoholic beverages, and dance with each other. Tropicana Nightclub in Havana is a Vegas style theater where you go to be entertained by dancers and singers.

Dinner is included with our show tickets. We arrive early to the neon-colored compound. You cannot miss the signature white ballerina statue. She stands tall on her tiptoes with her head gently tilted to the side, arms wide open. The bar next to the arena is known as Rodney. Since we have arrived early, we decide to have a few cocktails. From there we proceed to dinner next door, attached to the bar but through a separate entrance.

Tropicana ballerina

After dinner, we make our way to the "The Theater Under the Stars" which has fourteen hundred seats. The ambiance is very tropical, with the warm air filling the nightclub. Take a Broadway theater and remove the roof, and you are under the stars as you watch the magnificent show.

We are escorted to our table, right next to the stage, which is decorated with black linen and Cuban rum and mixers. Small round plates contain an assortment of peanuts. Laurin is just as excited to be there wearing a flowy white dress and as I turned to comment on the stage, she was clinching the rose that was just handed to her by her teeth. We giggled. Jim was just as eager to see the show and poured us a cocktail and made a toast to the amazing trip we have had.

The Cuban style cabaret consists of hundreds of dancers decorated with over-the-top, colorful outfits, like vintage Las Vegas showgirls. For the next two hours, my eyes and ears are exposed to Cuban culture in the form of music and dance. The musicians are beyond talented, probably Cuba's finest, perhaps even the world's finest. The main singers' voices are breathtaking, emulating Cuba's pride and joy, Celia Cruz.

The energetic show is filled with carefully planned choreography, many costume changes, and unbelievable Cuban music. I am not a skilled dancer by any means, but as children we are exposed to Cuban music, Cuban rhythms, and Cuban dancing. You need to be gifted for all that fancy footwork. My sister picked it up better than I ever have. But, make no mistake, I have rhythm, Cuban rhythm, and can move my feet pretty quickly and accurately to the Cuban beat. The lighting is ever changing, enhancing the current musical number. The talented band keeps up with the continuous, rigorous dance numbers. The beautiful women gracefully move around the stage.

You cannot imagine my excitement! Here I am, minding my own business, smiling from ear to ear as I enjoy the show, my head nodding to the beat, my feet tapping to the music, my body swaying left to right, when suddenly I feel a tap on my shoulder. I turn, expecting to see one of my friends, but to my surprise a showgirl is asking me to join her on stage. I am the lucky person who will be accompanying this Tropicana dancer on stage for the last number!

Joyfully excited, I jump out of my seat and let her take my hand and lead me to the stage. I feel the Cuban energy rise within me and I let loose, dancing salsa in front of approximately fourteen hundred people from all over the world. My feet move as I wish they had all my life, emulating those of my dad's when he would dance with my sister in years past. I imagine my dad in the audience being so proud of this moment, and I feel so lucky. But at last, this will be a vivid Cuban memory of my own that I will have to share with him. Just as he said, the show was phenomenal, the music was upbeat and happy, the stage was several levels extending to the sides, and the dancers in revealing costumes move about with such ease.

On stage at Tropicana

Two days later, upon my arrival back to Miami, I run to the car and excitedly tell my dad about that night, and how I channeled him all evening long.

He smiles and says, "Tell me all about it, I want to hear everything. I have never been!"

What? He had described the Tropicana with explicit details which I personally confirmed.

After inquiring further, he says, "You had to be twenty-one to get in, so I have never seen the show. However, I did frequent the Rodney often, where I would spend some of my free time with the band members and the dancers."

What a surreal moment. I experienced the Havana nightclub, a staple with the locals back in the day, before my parents could. My dad and I both started laughing. Needless to say, it is my mission to make sure that we attend a show at Tropicana on our trip together.

November 19, 2016, Saturday - Havana:

Sights: Ernest Hemingway's house, visit Proyecto Kcho, lunch at El Jardín de los Milagros. Free afternoon.

Our last full day in Cuba. Oh, how sad those words are to write. Last day, for now, sounds a little less harsh. Hard to believe it has already been eleven days of this magical experience.

Breakfast, which was a buffet of sorts in the basement of our hotel, resembles your typical American breakfast items: toast, eggs, pancakes, and a variety of tropical fruits. Sprinkled among these breakfast items are Cuban fruit juices, Cuban coffee, and bite-sized pastries.

Because we have a few extra hours, we make a few changes to our original itinerary and include a tour of Ernest Hemingway's house—a small compound with stunning views, located just ten miles east of Havana. It is a beautiful hideaway tucked into the city. The home is set back after a long winding driveway. Tall trees and shrubs seclude the home from the busy street, and more tall palm trees are scattered around the property. The landscape is kept pristine. Although you are not allowed into the house itself, you can walk around the perimeter and get a glimpse of the home through the open windows.

Following our Hemingway experience, we see the artwork of Alexis Leyva Machado, also known as Kcho, a contemporary Cuban artist. He acquired support from Google to develop and help children gain access to books and computers for educational advancement. I enjoy some of his abstract work. His pieces are politically charged, but if you can see behind the message there is real talent there. He tends to use different forms of painting materials, from recycled bottles and old lumber to oils and pencil. He also builds large art installations where you have to spend a few minutes with the art to understand the piece as a whole. Definitely an artist that makes you think.

Before lunch we visit El Cementerio de Colón, where relatives on my dad's side were interred. When my dad left Cuba, believing in his heart of hearts that he would return in a year or two, he left behind his grandparents who had raised him. He vividly remembers waving goodbye to them one last time before boarding his plane. He never saw them again.

The last home my father resided in before leaving Cuba for the last time and where he resided with his maternal grandparents

Finding their tombstones will be a difficult task. I would love to bring back this memory to him, showing him where they are located, and that the government did not just pile the bodies all together in a tomb, which was the rumor. Visiting this cemetery is a way to find closure for my dad.

Laurin, Jim, Félix, and I all read hundreds of names on tombstones, walking up narrow, barely paved sidewalks, sometimes squinting to make out the names on the crumbling tombstones. I even rub my fingers over names to see if I can determine what they say. After several hours, I finally have to give up.

I am told that after five years the individual's remains are collected and relocated, placed in a smaller mausoleum of sorts inside the main burial vault. I did bring a map back to show my dad, to see if that would jog his memory. He carefully studied it, scanning every inch, and finally pointed to an area. An area that I specifically checked per his original instructions, but no names were found there. It is difficult to draw from memories that are over fifty years old.

The groundskeeper told me that I needed the person's name and date of death to do a book data search (Cuba is not fully computerized yet) to find their exact location. Unfortunately, I did not have this information on me. This project will have to wait until my next trip to Havana.

Tonight, we have our final walk through the beautiful streets of Havana and Old Havana in order for me to close out this chapter and appreciate the opportunity that I have had. We revisit some of our favorite plazas and squares in Old Havana and finish with ice cream at Coppelia.

Coppelia is an ice cream chain in Cuba founded in 1966, and the building architecture still resembles that time period. One of the most noticeable attributes are the two lines that form: one for the locals, which is long and wrapped around the building, and one for tourists. Actually, the tourist line has no wait—you simply walk right up to the window and order. As I walk past the long line of locals, I am reminded that this is not my home, although I have felt at home for eleven days.

The building looks like a spaceship landed and started serving ice cream. The ice cream cup is a large, circular cover that allows you to enjoy your desert outside, yet away from the strong Cuban heat, which sometimes reaches up to 105 degrees Fahrenheit. The ice cream itself was a mix between regular U.S. ice cream and gelato.

Some flavors were bright pastel colors placed in antique metal oval bowls, or to-go containers. Although they advertise over twenty-five flavors, at times they only provide two options, and still the line is just as long.

Unfortunately, we had to retire early to pack our belongings and get ready for our half-marathon scheduled for the following day. Oh, so bittersweet, but at least I get to run along the Malecón, an esplanade that runs approximately five miles along Cuba's ocean front. This is the same Malecón where both my parents would spend their time chit-chatting with friends, where lovers hold hands, share a kiss, and look out into the endless ocean. The same ocean that serves as a bridge between freedom and a cemetery for so many Cubans trying to seek freedom and independence by trying to escape on man-made rafts through shark-infested waters.

November 20, 2016, Sunday - Havana, marathon, home to Miami:

Sights: Marathon through Havana. Flight to Miami from Santa Clara.

Today, Laurin, Jim, and I run our half marathon (thirteen miles) through Havana. This was the reason we used to enter Cuba, after all. The marathon started and ended at the "family property" known as El Capitolio, passing through the entire Malecón. What a wonderful way to finish a fascinating, emotional trip to Cuba. It helps give me closure to this amazing opportunity as I take in the Atlantic Ocean's fresh air.

The route for the thirteen-mile marathon takes me past some of the important Iglesias landmarks, serving as a great review and final farewell.

As thousands of people jog with me, I am mentally able to take some alone time. Despite the number of participants, I feel alone as my mind drifts to Cuba's past and my parent's adolescent years in Havana. I have done my best to recapture those first impressions, imagining their times as teenagers in these same areas. And how things must have changed.

In reality, probably not much has changed since my parents were last here over fifty years ago and Cuba remains frozen in time.

On our trip back to Santa Clara to catch our flight home, I reflect on this amazing trip and feel more connected to Cuba, more connected to my family history, and more patriotic toward my Cuban culture. However, I still do not feel whole. To say that I have found what I was looking for would only be half-correct. The one thing that would make this trip complete is if I were here with my parents, confirming our family history as I have seen it. Unfortunately, I am still missing puzzle pieces.

A MOMENT OF REFLECTION

November 24, 2016, Thursday:

At the conclusion of my first trip to Cuba, I spent a few days in Miami with my parents to review the photographs and videos I had taken. It would be the closest thing to being with them in Cuba. Upon my arrival, the excitement they exuded could not be contained. I was flooded with questions I could not answer before they asked more. Their joy was matched with my own exhilaration and enthusiasm.

I presented both of them with peanuts from Cuba, a common snack sold by a peanut vendor (El Manisero)! In Cuba, eating peanuts is an easy way to pass time while waiting for public transportation. Peanut sellers are everywhere, on every corner selling them in paper cones. Apparently, they are still wrapped the same way as when my parents were kids. I also bought some old-fashioned candy which they said still tasted the same.

Flipping through photographs and videos of my trip to Cuba with my parents is a moment I will cherish forever. I was showing them the country that abandoned them. The country they continue to yearn for daily. It was a moment of old memories combined with a fresh new memory of an old Cuba still stuck in time.

Having this experience with my parents was so moving and inspiring that I once again began my quest to travel to Cuba with them. From day one they refused and oh so convincingly. They said they would never go back until it was not communist and free just as they had left it. They could not return while Castro was still in power. We had this discussion several times.

There is one last piece to my puzzle, and that is to make this pilgrimage to Cuba with my parents. It is the last missing piece to make this personal cultural experience whole. I wish my parents would realize that it is no longer about principle, it is no longer about standing up to communism, and it is definitely no longer about Castro.

It is about us. It is about our family. Nothing more, nothing less. It is about connecting to the very origins of who we are. It is about continuing the Iglesias family history and not letting that small, flickering light blow out. It is about finally closing that horrible chapter and turning the page to a new beginning and celebrating their resilience and allowing me to complete our family history puzzle.

November 25, 2016, 7:00 AM - Flight to Boston:

Before boarding my flight from Miami to Boston, my dad hugs me and says, "Once Castro dies, we will go to Cuba with you!"

Later that same day, at 10:29 p.m., our family trip to Cuba became a reality. Fidel Castro had died.

November 25, 2016, at 10:30 p.m. – A phone call to my dad. "Dad, pack your bags, we are going to Cuba!" Little did I know it would take two years to finally get them to say "yes."

CASTRO
DEAD

November 25, 2016, at 10:29 PM
1926-2016

CHAPTER THREE:

BECOMING AN EXILE OF CUBA

P rior to 1959, Cuba was a free country. Between 1953 and 1958 attempts were made to overpower Batista and turn Cuba communist. Promises were made to the lower class to equalize their status with the middle and upper class. They were promised free living quarters, free medical care, and free food. This sounded tempting, a blessing for the poverty-stricken. During the Batista era communism failed until January 1, 1959, when Batista was removed from office and Castro's revolutionary government took over.

For the next several years, as the new government settled in and took a tight grip over Cuba, Castro placed his ideas into action. The Cuban people who did not believe in communist ways were given two options: remain on the island and follow the rules of the new government, or leave the island by a certain date, leaving everything behind except the clothes on one's back; no photos, no money, no jewelry, no teddy bears, no dolls. Just your person.

For those who left everything behind, their belongings were then escheated to the government and given to Castro who controlled what happened to them. Castro made certain items available to the lower-class in limited and extremely controlled conditions. Drastic restrictions were placed on living arrangements and food supply. Curfews were mandated and enforced. Street names were changed to numbers, so those who left could not identify locations. To that end, both of my parents and their families decided to leave the island of Cuba, leaving every single thing behind in search for a better future, without communism.

What follows are the last moments of my dad's time in his homeland of Cuba before being forced out and becoming a refugee of his beloved country.

It was April 9, 1961. Everything started with an explosion. I was twenty years old and working at a toy store, Los Tres Reyes Magos, stocking the shelves with the new toys. I would attend school during the day at the Havana Bachillerato School and work at night at the toy store. After school, I went home to shower and change into my uniform and immediately left for work. When I was two blocks away from work, I heard a loud, thunderous explosion. Come to find out, the explosion was due to a terrorist arson attack on a famous department store in Cuba known as El Encanto. The store was set ablaze and charred to the ground. After I heard the scary explosion, I panicked. I didn't know where to run or hide. News travels faster than the wind on an island, and I knew my grandmother would be worried sick about me. I did all I could to get home to let her know I was safe. I took the first bus that was still operating, route 15, and ran several miles to get home. As soon as I was close enough, I whistled, a form of communication I used with my family.

As I turned the corner, I could see my grandmother on her balcony desperately looking for me. Our eyes met, still several hundred feet away. I noticed her soul coming back to her. Her tears falling down her puffy red cheeks onto her pressed linen white shirt. I ran up the stairs, crashing into her arms. My grandfather then rushed out to find me, hugged me, and with a heavy heart said, "You must leave the island. I have made the decision that you are better off going to Spain. This is your only recourse to have an opportunity for a better life." It seemed as if I had no choice. I knew I had a future ahead of me, but there would be no future at all if I stayed in Cuba under Castro's control, so, I did as I was told. In my heart I thought I would return within two or four years. Here we are, fifty-four years later, and I never returned to Cuba, and I never saw my grandparents alive again. My plans were to go to school in Spain for a few years and return to Cuba with a degree to continue with my life. But clearly that did not happen. I left for Spain because it was one of the few countries where I was able to get a visa and obtain it quickly. In addition, my dad and my paternal grandfather were from Spain, and I had second cousins there. My brother was in Spain as well, so I had a place to go.

I was not allowed to take anything with me. Castro had his military personnel at the Havana airport, searching your entire body before you left. Shirt pockets, pants, inside your shoes, and sometimes even body cavities.

Since I spoke Spanish, I was able to start looking for work in Spain immediately. My grandfather asked his family if I could seek shelter there until my visa was approved to the United States. I was welcomed with open arms.

Three months later, I left Cuba and I met my brother in Spain. It was a relief to at least arrive in a new country with someone I knew. My brother had all his paperwork in order to obtain a visa to the United States. Soon after I arrived in Spain, he left for Newark, New Jersey. It was another loss I experienced. The grief seemed never-ending.

What kept me focused and wanting to continue pursuing my United States visa was reminding myself that the woman I wanted to marry was waiting for me in Puerto Rico. That thought kept the fire burning inside of me.

I remained in Spain because I was unable to get a visa to the U.S. Unfortunately, on a prior trip when I traveled from Cuba to New York, I had been given a thirty-day visa and I got my departure date wrong. Once I realized that I had overstayed, I booked a flight back to Cuba, but immigration was already involved. I was summoned to their office, and because I had already booked my trip back home to Cuba, I was released as a "voluntary exit." No further action was taken.

However, my file was flagged due to overstaying my time in the U.S. This, in turn, delayed the approval of my future request for a permanent visa to enter the United States.

While waiting for the visa, I worked as a book salesman full time and wrote my future wife one letter per day. I was going to make sure that she knew she was not forgotten, that she was my first priority upon reaching the United States.

Towards the end of my first year in Spain, I began losing hope. Marrying the girl of my dreams and our desire for a better life together seemed so far away.

I fell sick and was diagnosed with Hepatitis B. I became frail, weak, and was hospitalized for forty-five days. I lost a large amount of weight. I was alone, with no health insurance to fight this illness. I lost more hope. As much as I tried to get that U.S. visa, even harder than my mom or brother, I encountered rejections and obstacles, all because I miscalculated the expiration of my previous visa.

Then I figured out my only way out of Spain! My only option was to marry an American woman for my citizenship. I had met a woman by the name of Ana while I was visiting family in New Jersey in the fall of 1958. She was my mom's neighbor. I found out that she was going to Cuba to marry a different man so he could gain his citizenship. Here was my opportunity.

I received the flight details from my mom and surprised her at the airport. I intercepted her, so to speak, and convinced her to marry me instead. A day or so later I paid her four hundred dollars (the equivalent of approximately thirty-five hundred dollars today) cash, which was a lot of money back then.

She returned to the United States and filed an I-30 Relative Petition so I could come to the United States, but it was delayed and I had to get myself out of Cuba and move to Spain. It took one full year for my application to be approved.

Once I was granted a visa, I flew to New Jersey and commenced the divorce process from Ana. She was ignoring the requests from my lawyer to negotiate and finalize the divorce. She refused to sign the divorce papers. She wanted to remain married as she was a spinster and would have never married otherwise. Now what?

I was married, the woman I love was waiting for me in Puerto Rico to pick her up, and this business transaction of a marriage was at a standstill. My future mother-in-law forbade me from going to Puerto Rico until the divorce was finalized. My old-fashioned mother-in-law would not allow my future wife to be with a "married man." Puerto Rico was where she and my future wife were residing. My mother-in-law's brother lived there, and my future wife's family sought shelter there after leaving Cuba.

I again had to think of another option to get out of this fake marriage that was just a means to an end for a new beginning. I made a plan. I called Ana to tell her we were going to dinner. She immediately agreed because she was obsessively in love with me.

Once she got in the car, I locked the doors and drove off into the night. And drove. And drove. My intention was to have her sign the divorce documents this evening. What if she wouldn't? What was I willing to do and how far was I willing to go? While driving, I tried convincing her to sign the divorce papers. I reminded her this was a business transaction. There was no relationship and she was paid to sign the divorce papers. As she continuously refused, I continued to drive faster, and she was getting more concerned about my speed.

I didn't care. I was not going to stay married to a woman I did not love. I was going to instill fear in her so she would sign the paperwork that would allow me to marry my true love. There was a sharp turn ahead, and a cliff that would drop approximately one hundred feet. My foot stayed on the accelerator, and the car picked up even more speed. When she continued to refuse to sign, I yelled: "I refuse to continue to be married to you, so if you do not sign the divorce paperwork, I will drive this car off the cliff. This marriage will end one way or another!" As I sped up, I felt her tense even more. I glanced to the right and saw her eyes were wide open, her sweaty hands grabbing onto the seat belt and the armrest. Finally she yelled, "I will sign! I will sign!" I slammed the brakes, and the car slid on the gravel, coming to a complete stop.

I pulled out the paperwork that the attorney had given me and handed her the pen. On the inside, I was praying and hoping that she would actually sign. On the outside, my tough demeanor did not let the nerves show. She was panting as her shaky hand held the pen. When she finished her signature, I could not believe my eyes. I put the paperwork in the trunk, out of her reach. I drove her back home, both of us silent, and I never saw her again.

Thirty days later I was on a plane to Newark, New Jersey. Three months after arriving in New Jersey, just before Christmas of 1962, I flew to Puerto Rico. My future wife did not know I was coming because I wanted to surprise her. I spent the night in a hotel room. In the morning I took a cab to my future mother-in-law's brother's house. My heart was beating fast, and my mind was racing. Two years working hard toward this moment. Never giving up. When I arrived at the house, I proceeded to the front door, holding a dozen, long-stem purple roses in my shaking hand. In my other hand I had an engagement ring. I got on bended knee. I knocked, but there was no answer. I knocked again. I heard footsteps on the other side of the door. The door opened and it was Amaryllis, my future wife.

My parents on the left with my maternal grandparents

Her eyes widened as teardrops fell down her cheeks, splatting onto my shoes. She trembled as her arms stretched out to hug me. Quietly, with her soft voice trembling with happiness, she said, "Si."

My parents' wedding photo August 31, 1963

It took me two years to finally get my parents to go to Cuba. My persistence paid off. I did my best to convince them that it would be safe to go and there would be nothing to worry about. I spent months creating a trip with all of my dad's demands and requirements: a rental car, no guide, and no shared housing—it had to be a hotel. This is difficult because part of the restrictions of going to Cuba is the support of the Cuban people, and renting an Airbnb easily ticked that box for us. To make my dad feel comfortable I met his demands, while also meeting all the government requirements. What an accomplishment. Now I had to make the planned trip into a reality. Because my parents are Cuban nationals, their visa takes sixty days to process, and it is good for thirty days. Therefore, their visas had to be requested no later than ninety days before our trip. After spending months planning this trip with all of my dad's requirements, he called me and said, "Cancel the trip to Cuba, we are not going."

My heart sank to my stomach. When it came right down to it, fear crept back in and their allegiance to the Cuba pre-revolution made him cancel the trip. My dreams shattered right before my eyes. I was so angry that I hung up the phone on my dad. Never have I ever acted in such a way, especially with my dad.

Some depression started to set in for me with the thought that my search for my family history would end right there. I would never have an opportunity to obtain confirmation of the special landmarks and information regarding my parents' life in Cuba.

I put my research aside, hoping to use it at some point in the future. Three days later, I received a phone call from my dad saying that their passports had been overnighted to me to get their visas to Cuba. I couldn't believe what I was hearing! A glimmer of light was shining on my dream again. I wondered what transpired and made my dad change his mind. A few days later I found out that my mom told my dad, "If we do not go to Cuba now with him, we will never go back. And I want to go!"

The words "I want to go" echoed within my soul. My mom wanted to share her story with me. She wanted to go back to her country and see it again. She wanted to go and see and experience Cuba as an adult and share this story with her children. The words "I want to go" were words of confirmation—I had the green light to move full steam ahead. From this day forward, they were on board and never looked back. This trip would be a personal trip for my family. My sister, Amaryllis, had shown an interest in going to Cuba if (and only if) my parents agreed to go. She did not want to miss out on that once-in-a-lifetime opportunity. So, this trip would include my mom and dad, my sister, Amaryllis, myself, and my friend Jim who joined us for a few days to help document the trip and take as many photographs as possible, to preserve our history as it unfolded. What follows are my personal accounts of my second trip to Cuba WITH my parents, after they had left the island over fifty years ago.

My mom

My dad

CHAPTER FOUR:

THE IGLESIAS FAMILY RETURNS TO CUBA, THE FINAL PUZZLE PIECE

November 24, 2018 - Boston to Miami:

On November 24, 2018, I flew from Boston to Miami, and my sister, Amaryllis, flew from Los Angeles to Miami. To say the mood in the air was tense is putting it lightly. I think we were all feeling different things. Everyone was nervous and scared about this trip. Excitement mixed with fear mixed with the unknown was a perfect recipe for chaos.

There was stress, adrenalin, and a great deal of fear, but also a sense of happiness that this trip was actually happening. I could not believe that in one day I would be in Cuba with my parents. All the hard work, all the demands, all the research was worth the feeling of satisfaction of this accomplishment, and we had not even left yet—we had all just arrived in Miami.

My sister could not believe this day was upon us either. We were up until the crack of dawn talking about this trip and what to expect. Never in a million years could we have imagined what would transpire.

I did my best to explain to my family that Cuba was like any other destination, no different than going to any island in the Caribbean. It didn't help. The ambiance was chaotic with what my parents should pack, making sure they did not forget their medication, and securing the house to be gone for an entire week. There were tons of bickering between my sister and I, between my parents, between my parents and I, and between my sister and my parents. It was based on nothing more than a feeling of nervousness, and all over a thirty-five-minute flight!

November 25, 2018 – Miami to Havana, Cuba!

On the morning of November 25, 2018, we woke up, gathered our things, and headed to the airport. I failed to realized that this day was the second anniversary of Castro's death as I read the headlines on the news. I was concerned that there would be parades in his honor, or something of that nature, and that it would upset my dad and mom.

If you knew my dad, you would know that this was probably not the best idea. He is an overly passionate man and patriotic to his core. He loves both Cuba and the United States, where he is a Veteran of the U.S. Army. Being forced to leave your country, leaving your belongings and family behind, causes a tremendous amount of post-traumatic stress, and having this reminder pushed in your face would be difficult to handle for anyone. Returning to Cuba was a risk, as my dad could become greatly angered if images of Castro appeared everywhere in celebration of his "victory and the retrospect of his life."

I was less concerned with my mom. Although my mom would be upset as well, she has a tendency not to vocalize her hatred or disappointment. Instead, she discusses it privately with her family. My dad, on the other hand, is very vocal in his position and proud of it, and shares his feelings and thoughts on political matters with anyone. I would have to shield him from any celebrations in Castro's honor.

We finally boarded our aircraft and took our thirty-five-minute flight to Havana. We landed! In Cuba! I looked at my sister. My sister looked at me. This could not be true. I brought my parents home! Suddenly I became nervous. I was so worried about them. I wanted them to be comfortable and happy and not worry about anything else. I had such a long road ahead before we got to the hotel/Airbnb. I hoped everything would turn out okay!

First I had to get them through customs and immigration. Immediately, my dad made friends with the porters and disclosed more information than necessary. This is typical of my dad, the conversationalist—and a good one at that. I was the leader of this pack, and it was difficult to keep my dad from telling his life story to strangers while pushing my mom in a wheelchair and dealing with my sister, who was more nervous than a turkey at Thanksgiving.

I finally got everyone through immigration, without any stops or interrogations. Just a simple check of passports and we were in! My heart was finally settling into a normal rhythm. Next up: customs.

We waited for our bags, grabbed them, and headed toward the customs inspectors. Again, no issues, no stops, no baggage search, no questions. I was ecstatic once we cleared customs, which I thought would be the hardest part. While we waited for our car, we exchanged our dollars to Cuban pesos. You can only exchange money for Cuban pesos on the island. I had prepaid for everything such as hotels, cars, and tours using a credit card before we left so all we really needed was spending money. And so, the waiting began. Our car was not ready for us when we landed, and once it arrived, an hour and a half later, it was similar to a car featured in the Flintstones. To make matters worse, it did not fit five people, five pieces of luggage, and a walker. It took us about fifteen minutes to settle in, but we managed, and off we went to check into our Airbnb, late.

I was also nervous for this part because, once again, my dad is very particular with his sleeping arrangements. I rode up to the building, my heart sinking into my chest. It was next to an old gas station, with paint peeling off the apartment building, and the outside walls were in need of repair. I slightly panicked, and rushed them into the lobby, putting the focus on the bags and my mom who needed assistance. It worked, for the moment.

Things got better when we entered the lobby. It was clean but outdated, which was fine, and we all packed into the elevator. My heart was beating a million miles a minute because I did not know what to expect from the room. I just hoped it was clean, with comfortable beds for my parents. Imagine those New York apartment buildings where the door opens, and it leads to the front door of one unit, instead of a hallway with many doors for several rooms. This building was similar. The elevator stopped on the second floor and opened. Then the door to the unit opened ever-so-slightly and a small woman came out and entered the elevator, before it quickly closed behind her. It was impossible to see what that unit looked like.

We were on the fifth floor, the highest floor of the building. I knocked on the door, and an elderly woman with a soft voice opened it just enough to poke her head out. She asked if we needed help, and I introduced myself. With a big smile she said, "Oh, yes. Welcome home for the next few days."

She opened the door. "¡Bienvenidos!" The door swung open, revealing marble floors, stainless steel appliances, and immaculate rooms. I could not have been happier. To top it off, there were three bedrooms, each one with a full bathroom and views of the ocean. It was paradise. We quickly dropped off our bags because we were now late for our Airbnb experience, a mixology class called "Cuban Classics." I was avoiding going outside so we would not encounter any Castro demonstrations mourning his death.

I thought the class would be at a bar, but it was actually at someone's house, in their backyard. My dad was so happy to be home in his country that I don't even think he noticed. Upon arrival, our host greeted us with smiles and led us to the backyard where there was a brand new bar—probably better than one you would see at an actual bar—and several tables with chairs.

For this experience, the bartender, José, took each Cuban classic drink and explained how it was made, and the drink's history. Then, a participant from the group was chosen to make it. The best tasting drink from each category was declared the winner. We made three classic Cuban drinks: a Mojito (made with white rum, sugar, lime juice, soda water, and mint), a Cuba Libre (made with cola, rum, and sometimes lime juice), and a Daiquiri (made with rum, fresh strawberries, sugar syrup, lime juice, and equal parts ice, if frozen). The guests competed to see who made the best drink in each category. I won for best Daiquiri. As if the mixology class was not enough, they surprised us with the technique of how to smoke a Cuban cigar, a Cohiba to be exact. This was a first for my sister, my mom, and I, even though my paternal grandfather was an avid cigar smoker.

The class taught the etiquette of smoking a cigar, the history, how to cut a cigar, how to light it, and how to smoke it—some cigar aficionados dip their cigars in whiskey or Cuban coffee, for instance. Throughout the night they also served Cuban tapas. I specifically remember looking at my parents for guidance during this experience, but how quickly I forgot that they left at such young ages, before they were allowed to drink and smoke. So, learning these Cuban classics together was a bonding moment.

At the end of the night, we were given parting gifts of a bottle of rum, a Cohiba cigar, and the recipes for all the drinks. Words cannot express what an amazing way it was to start our family trip. By the end of this experience everyone was feeling comfortable and happy. A three-hour experience became six hours—not surprising since common Cuban hospitality always makes you feel at home and never rushes you.

After our mixology class, we had dinner at Castropol, right in front of the Malecón.

I managed a successful first day. I was wiped, physically and mentally. But I can honestly say now that it was worth every second of my hard work and every single penny. My parents were like children at Disney World for the first time. I had a feeling that the best was yet to come.

Bench at Parque María Grajales where my parents officially started their relationship

November 26, 2018 – Havana, Cuba:

Today we had a difficult start. The stress of traveling made us all tired, not to mention the long evening of drinking and smoking, even though it was only one cigar, or less than one cigar. However, our tiredness did not stop us. Excitement was on high. My parents were up early and dressed for the day. A good sign. If you personally knew my mom, you would know that she does nothing before noon. The rest of us were slow moving, especially me. We finally left our hotel and started our trip down memory lane. As they all talked over each other, I took notes as fast as I could. My parents were simultaneously telling their own versions of their stories, and my sister was asking questions. I reminded everyone that I was taking notes and recording, and I could not have three people talking at once. Welcome to my Cuban family. The first stop of the day was the park where my parents commenced their relationship. Parque María Grajales. The bench where my dad asked my mom to be his girlfriend faces the park, and your back faces 23rd Street. My mom was just fourteen years old at the time, and my dad was nineteen. A common courtship back in those days.

Bench where my parents officially started their relationship

They actually met just across the street from there. My dad, thinking he was cool and suave in a straw hat and sunglasses, leaned with one foot against the wall. Picture Frank Sinatra just before they called "action" on a movie set. My mom, oh so innocent, was waiting at the bus stop just a few feet away, hugging her books with her arms crossed. She claimed that she purposely had her back to my dad, in order to play hard to get. At the time, my mom was attending secretary school, a type of technical school offered back then. My dad walked over and tapped her on the shoulder. As she turned around he said, "Hi, are you Tony's sister?" My dad and my maternal uncle were friends from their neighborhood. My mom replied, "Yes, I am." My dad then proceeded to ask if she would join him on a date.

My mom and dad where they met for the first time

It was as simple as that back then. The rest is history.

Our next stop was one of the most important stops, at least for my dad. It was the cemetery where his grandparents are interred, where I was unable to find the burial site during my first trip. It had grown so much since the last time my dad was there.

On this trip, a cemetery worker named Luis was able to locate the plot in no time. I was prepared to make sure we knew the full names and the date of death of my dad's family members. For over an hour we searched for his grandparent's plot with my dad trying to go by his memory. My dad has always struggled to ask for help from anyone.

El Cementerio de Colón where my great-grandparents are interred.

This was a significant part of the trip because it was my great-grandfather who told my dad he had to leave Cuba. This would be the first time my dad would be remotely close to his grandfather again. It would have been impossible to find this tomb without assistance from a groundskeeper. The tomb was one of those old-fashioned ones where the sarcophagus sits above the ground, and the remains are laid on the inside. The top part of the tomb reaches your chest. Walking toward it, I noticed the crumbling tombstone had the names rubbed off, the top was slightly ajar, and that it was in seriously poor condition.

Luis had previously assisted foreigners looking for their loved ones. He walked up to the tomb, rubbed a piece of chalk over indentations on the tomb, and like magic one letter at a time appeared until you could read my great-grandfather's full name, José Arteaga. I looked over to my dad. Tears welled up and began slowly falling from his face and onto my great-grandfather's name, erasing the fresh chalk so that the name disappeared again.

We all walked away to provide him with some privacy. My mom privately wiped away her own tears with a linen pressed handkerchief used by the women in Cuba back in the day. It was an emotional moment. I privately spoke to Luis about how I could restore the tomb for my great-grandfather, and I was introduced to the groundskeeper. Plans are currently in the works to restore the tomb and a future trip planned to place the name plates on the foot of it. A piece of chalk will no longer be necessary to expose the names of my great-grandparents. Not on my watch.

It is customary in Cuba for families to purchase a cemetery plot. When a family member dies, they are placed in the tomb. When the next family member passes, the previous member's remains are placed in an ossuary and left inside the tomb, and the more recent deceased person is placed inside. And so on. Buried in this tomb are my great-grandparents, José Francisco Arteaga Souville, my great-grandmother, Carmela Zuniga Salazar de Arteaga, my great-uncle, Joaquin Arteaga Zuniga, and my dad's four aunts, Alicia Arteaga Soville (Cata), Consuelo Arteaga Souville (Coco), Dolores Arteaga Souville (Yoya), and Margot Arteaga Souville. Quite a number of individuals in one burial plot.

Naturally, we spent quite a bit of time there. Once my dad was comfortable moving on, we traveled to see my mom's private school that she attended from third to seventh grade called Colegio Buenavista. It was located at 4306 Calle Miramar, across the street from my dad's private school, Chandler College, at 4301 Calle Miramar. Behind his school was an open field where he played baseball, exercised, jogged, and climbed rope. From there we drove by their elementary schools located near 54 Street between 43rd and 45th. Street. Then we drove through their old neighborhoods. One of my mom's homes was located on 43rd and 53B, #5819 on the second floor. Since my maternal grandmother had her own business teaching ballet and piano straight out of the house, she was always on the lookout for a better location. Hence, my mom lived in several homes, some which she remembered more than others.

One of the homes where my mom resided

The home was rust-colored on the bottom and white on top. Two buildings were connected by a small bridge painted green, with a very small number 213 toward the bottom. Today the home has been turned into many apartments. My maternal grandmother, Rosalía Fernandez (Flora was her nickname), taught piano, ballet, and jazz. My mom and her brother would share a room that had a sofa bed and during the day the room would turn into a dance and rehearsal studio for my grandmother to teach.

My paternal grandfather was well-to-do and had several homes throughout the island, in the city, at the beach, and on a farm. One of my dad's homes was located at 4114 and 4108 Bareto (now known as the corner of 43rd and 60th). This is located just a few blocks from the Tropicana nightclub. Next to Tropicana there is a park where my dad learned how to ride his bike. It's the home where my dad was informed that his brother was arrested for counterfeit bills (some Cubans made a living doing what they could to survive, and sometimes the activity was illegal). Where his brother lived was located at 5874 Gutierrez (now called 43rd).

One of my dad's homes

This same block was where my dad sold Bohemia magazines, pumpkins, and coffee. You did what you had to do to make a living in those days, and my dad hustled, always finding a way to make ends meet. I am sure he had a knack for making you buy a pumpkin even if you did not need one.

During this time, my mom would purchase fresh bread, made daily at the bakery located in front of 410 and 58B between 41st and 43rd Street. This bakery still exists. The bread seemed very inexpensive, but the locals would not accept the extra money we offered and would not even accept a tip. When they did not have change for our large bill, we told them to keep the change. We were so excited to try the same bread my mom bought so many years ago. The bread tasted delicious, and my mom said that it was very similar to what she remembered. We are definitely a bread-and-butter kind of family, and this is where it all began.

In this neighborhood was also the movie theater Sala Avenida, where my parents had their first date. They watched This Earth Is Mine, starring Rock Hudson, and a few months later they saw A Summer Place. Both times my mom was accompanied by my maternal grandmother—a common practice in Latin communities. Young ladies were never left alone with young men.

Movie theater where my parents went

We then proceeded to the last home where my mom resided before being forced out of her country, and where she left all her personal belongings, including her favorite doll. It was located at 5421 Avenida 41 (also known as Calzada de

Colombia). It was painted rose on the bottom, white on top, and she had lived on the second floor. My grandmother always chose to live on a busy street, because she believed that it would promote her business. She was right. Her clientele would increase every time she moved to a busier location, and her old students followed her. My grandmother's studio was called Academia García Acosta.

My mom's last home before leaving Cuba for the last time

The Iglesias history is complicated and dates play an integral part. At this point of the trip, we learned that my parents started their relationship on February 29, 1960. I did not know this information, mainly because only major milestones were celebrated, such as marriage anniversaries. It was nice to get this intimate date. Getting engaged on a leap year seemed an interesting tidbit, since it only occurs every four years.

Remember, while my dad left Cuba on April 8, 1961, to obtain a visa for the United States, my mom left Cuba on September 21, 1961, to Jamaica and then thirty days later to Puerto Rico. She remained in Puerto Rico for several years and my dad remained in Spain for just over a year. They were separated all that time. There were no cell phones, no FaceTime, no Zoom. Phone calls were extremely expensive and letter writing was the usual form of communication between those separated by many miles.

Being there in person, reliving their last moments in their country, was heartbreaking and moving for me. I can only imagine what they were feeling, then and now. My dad's storytelling became somber. Picturing my mom asking my grandmother if she could take her favorite doll with her, and having it taken from her at the airport, was gut-wrenching. Feeling the frustration on my dad's behalf of being denied a visa to the United States was devastating. Standing in their shoes in the very place they called home for many years, a home that was slowly turning into a living hell, affected me to my very core.

And this is me talking, a son living through his parents' eyes. Slowly, I started to understand the dichotomy between loving your home country that you were forced to leave, and despising it solely based on the communist ruler. The reality of their stories was beginning to crystallize for me.

November 27, 2018 – Havana, Cuba:

On this day, we got a late start. The emotional roller coaster was wearing on us all. We dedicated our day to finding other family places of significance.

We were able to locate the factory where my grandfather worked, and many homes where my dad stayed throughout the island. It was common for city folks to spend time near the beach during certain parts of the year.

The most meaningful stop that day was the home where my dad lived before leaving the island. Where he ran to when that bomb near his job went off. It was where shortly after the bomb exploded my great-grandfather told my dad he had to leave the island.

The home was two stories and painted blue and white. His grandparents had occupied the second floor. We slowly approached the home to not startle anyone there. The locals felt uncomfortable speaking to strangers.

My dad explained to us where they lived, and how he said goodbye to his grandparents. How he walked slowly away as his grandmother stood on the balcony, where she could continue to keep sight of him as he walked away. His grandfather remained on the porch.

Reluctantly, my dad turned and started to walk slowly away from his grandparents' home, looking back often, as both of his grandparents waved. Uncontrollable tears fell down their faces. My dad had his own emotional walk to the airport with his eyes red and filled with tears. Little did he know that he would forever be a refugee of Cuba and would never see his grandparents alive again. Nevertheless, he pushed forward and did as instructed by the man he respected most. He pushed ahead for them, for him, and for his future family. What courage at age twenty! What resilience, tenacity, and determination! I had been terrified of being dropped off at campus when I went to law school. What the older Cuban generation endured is incomprehensible.

Next, I was able to locate the building I visited the first time, the academy where my mom took piano lessons. Classical music has always been an integral part of our family. As mentioned, my maternal grandmother taught piano, and my mom took lessons and also taught piano. My sister is a concert pianist and a graduate of The Juilliard School in New York.

My maternal grandparents

I was hoping the owners would be home and let us in. With no guide this time, and knowing the locals are always skeptical at first of tourists, I walked up to the door and knocked. No answer. I knocked again, and no answer. I was disappointed, hoping we could return later. We took pictures of my mom outside, and just like that a woman opened the door. It was the same woman from my last trip. She did not recognize me at first, so I explained how I was let in last time, how my mom had taken piano lessons there. I explained that I had brought my mom this time, and the woman said, "¡Sí, cómo no! Adelante." Translation, "Yes, of course, come right in." A conversation ensued and my mom explained how she took piano lessons here with Juanita Valle de Perez Goñi, and the woman replied, "Yes, that was my mother." My mother's eyes grew large with disbelief.

I felt an adrenaline rush, watching my mom walk the steps she did so many times before for her piano lessons, albeit a bit slower as she caught her breath with each high marble step. She was filled with joy. Her eyes showed me everything I needed to see and feel. I could sense my mom's happiness and sadness all at once. The daughter of my mom's piano teacher said that the government had taken all the pianos that were in the home that also served as a studio at the time. They were able to save one baby grand piano by hiding it in one of the bedroom closets. As my mom heard this information, a smile appeared on her face.

There were plenty of bedrooms with large doors turned into piano studios. The back of the house served as the living quarters. As my mom slowly turned the corner at the opposite end of the room, she noticed a familiar piano sitting diagonally in a corner, covered in spider webs and dust. It was the exact piano my mom played as a teenager! How crazy! A piano she had played over fifty years before. Her smile widened.

She walked toward it as I would have imagined she did so many years prior. She pulled the bench out from underneath the piano and sat down. After pausing for a moment to look at it, she took a deep breath and began to play a piece by Rachmaninoff. My favorite composer. The piano was completely out of tune, but she didn't care, and we didn't either. One of the pedals got stuck as she played, just as it did so many years ago. Watching this moment brought me so much joy. Bringing her back to the roots of our family's musical career was a goal of mine on this trip for my mom and my sister. Mission accomplished.

My mom after a piano recital

It was difficult not to notice the ceiling had holes where sunlight would shine through. The uneven floors were a trip hazard. The wallpaper folded down at all corners of the home. The way folks currently live in Cuba astonished us, but since it didn't faze them, we tried to not let it faze us. The owners were so accommodating and sweet, as all Cuban people are. We wanted to help them any way we could, but they would always refuse any assistance. It goes back to that Cuban pride.

The owner showed my mom old photographs and concert recital programs. One had my mom's name on it. It was another touching and pivotal moment of the trip. It was the first time we were able to experience the inside of a meaningful building. There was a split second where I caught my mom on her own looking out of a tall window beside the piano while the others were conversing with the owners of the home. I was able to capture that moment in a photograph, and boy was I glad I did.

My mom at the Academy of Music
looking at the church she frequented after lessons

Only later did I realize that my mom had been staring at a church below. I found out this church had major significance to her. That is where she would stop after each and every piano lesson to pray that my dad, Lázaro, would ask her out.

From the Academy of Music, we walked past one building and entered that empty church. The grand cathedral was relatively large, and the religious artifacts were ornate. I was mesmerized by the architecture and religious relics that were still in one piece. While admiring the Baroque paintings covering the ceiling, I lowered my head toward the front of the church and noticed my mom to the left. She was in a pew, kneeling quietly and praying. I reached for my camera and quietly captured that moment. Later I discovered that she was praying in the same exact location she did so many times before. This time, her prayers were for the people of Cuba, and she thanked God for how lucky her life had turned out, and for the opportunity to return to Cuba. We had the entire church to ourselves the whole time.

My mom inside the church in the same pew
where she prayed more than fifty years ago

Next up on our family history tour was the Capitol. As I mentioned earlier, I was told that my great-great paternal grandfather owned the land where the Capitol currently sits prior to the revolution. Experiencing this landmark with my parents provided an even more personal tour of the surroundings. Hearing my dad speak of the luscious green farmland that existed before the building was erected, and what it looked like back then, gave me a lot to imagine. One rarely reflects on what capitol buildings replaced, because the new building takes on such a significance. But to the Iglesias family, the Cuban Capitol building holds a tremendous amount of importance.

The remainder of the day was spent as tourists. It was nice to interchange our roles from locals to tourists throughout the day. We visited El Floridita, which was one of Ernest Hemingway's favorite bars to get a daiquiri. A bronze statue of him stands in his favorite spot, leaning against the bar.

Then we visited his other favorite bar, La Bodeguita del Medio, known for their mojitos. As the sun set over Havana and a beautiful blue haze covered the island, we strolled through the cobblestone streets of Old Havana. Havana seemed to come alive as the sun set. Musicians prepared for their second jobs, arriving at their evening gigs playing instruments and making music of Afro-Cuban beats. Talented voices filled the streets with romantic Spanish lyrics, making the stroll much more enchanting and romantic. A peaceful end to a lovely day in Havana.

Pinar del Río

November 28, 2018 – Pinar del Río:

My mom was born in Pinar del Río, a small town on the west coast of the island. The drive is around two hours from Havana and pretty much a straight shot.

She does not have much memory of it because her family moved to Havana when she was just three years old. I wanted to check all the boxes and get her to this town, even though she would not recognize anything. Not much was there, as compared to Havana, but it was nice to roam the streets of my mom's birthplace, the streets my maternal grandparents roamed oh so many years prior and called home. Vendors crowded the narrow streets, selling knick-knacks such as pens and pencils inscribed with the word Pinar del Río on them, wood carvings portraying Cuban dancers, and those famous Cuban peanuts, fruits, and juices.

After touring Pinar (as the locals refer to it), we stopped at Viñales Valley, a tobacco heaven due to its tropical climate there. A beautiful area surrounded by plush rolling hills of greenery. We toured a tobacco farm where they showed us the process of growing tobacco, and then demonstrated how a cigar is rolled and packaged for selling. The process is fascinating even if you do not smoke cigars. This was a nice addition to the mixology class on our first day in Havana. I noticed that this area, in particular, is consumed by damp air, perfect for growing tobacco. Viñales is one of the most beautiful masterpieces of nature.

The process of rolling cigars

We got a flat tire while in Viñales Valley. A blessing, it turned out, because there is nowhere to stop between Viñales Valley and Havana. No rest stops, no gas stations, nothing. Just bumpy roads and locals trying to catch rides. There was no spare tire. Lesson learned. Ever since that day, I always make sure every rental car has a spare tire. We had no choice but to get it fixed and patched up in Viñales. It only took my dad a few minutes to find someone to repair flats, not bad since we were not from there. We were lucky enough to be able to have the flat fixed in a small shack off the side of the road, although it did take around two hours. Everything runs on island time. Once the tire was repaired, we made our two-hour journey back to the city of columns: Havana.

November 29, 2018 – Havana, Cuba:

Because this would technically be our last day in Havana, I made it as special as I could. I arranged for a Vintage Car Tour, a photo shoot, and an evening at Tropicana—THE nightclub of Havana.

Our day commenced with a classic vintage red car picking us up at the hotel and going to major sights for a photo shoot. I wanted a professional photographer to capture nice family photos of this journey. We all dressed in the best typical Cuban attire, and took photos in front of El Malecón, El Hotel Nacional (a famous hotel many celebrities frequent), El Capitolio, and a few other sites of major significance to my family.

Fusterlandia

Afterwards, our driver took us to the artsy area known as Fusterlandia. Fuster, you may remember, was the artist who uplifted a low-income neighborhood by using colorful mosaics. My parents were unaware of this post-revolution area, and I took great pride in exposing them to yet another aspect of Havana they had never seen before. It was a wonderful departure from seeing buildings in need of repair to seeing these colorful masterpieces. This ended our afternoon adventures. Next stop, Tropicana.

Fusterlandia

You will remember that the Tropicana holds a very special place in my dad's heart, and he had insisted I attend the show during my first visit alone: "It is the most glamourous, beautiful show you will ever see."

My dad could not wait to see the show he had dreamed of since he was a child. Music runs in his blood. Music runs in all our blood, albeit in different capacities.

That night was the night we would go to Tropicana, ¡Un Paraíso Abajo de las Estrellas! Paradise under the stars!

My dad wore his pressed linen suit with a guayabera and was nervously excited to experience Tropicana for the first time. I purchased VIP tickets for us. How could I not for such a special evening? We were seated in the front row, second table from the center stage entrance. The perfect setting to see every movement of the dancers on stage and every detail of their costumes, with no barrier between us and the music. The table was decorated with a bottle of champagne and a bottle of rum, some mixers, and a tray with assorted peanuts, of course. A Cuban cigar was given to each man as he entered, and a rose to each lady.

Experiencing this show with my dad, and observing him during this moment, was such a gift for me. He was like a child on Christmas morning, right before opening his presents. The joy he exuded was contagious. His concentration was laser-focused on the dancers and could be cut with a knife. He knew all the words to all the songs.

The many dancers ignited the stage with their smiles, colorful costumes, and precise dance moves. The sound from the talented musicians was just perfect. Two female vocalists took turns on stage, their voices crystal clear and angelic. It was everything he imagined it would be, exactly as described to him by the patrons at the time when he lived down the street and spent time with the performers during rehearsal.

What a way to end our trip in Havana. A moment in time I will cherish for the rest of my living years. As we exited the theater under the stars, everyone was smiling from ear to ear. We left the theatre still dancing and laughing and discussing the magnificent show we had just seen. History was made!

Our driver was waiting for us, in the vintage car with the top down, to drive us the long way back to our hotel, past lit palm trees that lined the streets and the crisp tropical wind blowing through our hair. My heart was full.

November 30, 2018 – December 2, 2018 – Varadero:

This day's adventures were mainly dedicated to my mom who loves the beach. Varadero covers Cuba's narrow Hicacos Peninsula, and it is known for its beautiful soft fluffy white sandy beaches. After returning from my first trip to Cuba, I had been excited to tell her that the beaches were still as she described. With a serious face she said, "That is so wonderful to hear. Hopefully I can see them someday!" I turned to her with confusion and asked, "But you said with such conviction they were the most beautiful beaches, like you had been there many times before." She responded, "That is how your grandmother described them to me, but I have never been."

My mom dipping her toes into the sand in Varadero for the first time

What is it with my parents' describing events and places as if they had experienced it themselves? It is common in the Latin community to not challenge information provided to you, especially if it comes from loved ones. So, my mom believed that Varadero beaches were the most beautiful beaches in the world simply because my grandmother had said so. Well, that was going to end with this trip. I got my dad to see Tropicana with his own eyes, and now I had brought my mom to see, for herself, the most beautiful beaches in the world (according to abuela Flora and me).

I was moved by the opportunity to take my mom to Varadero and experience these beaches with her for the first time. As we walked toward the beach through the hotel, the anticipation was killing me. Was she going to like it, or hate it? Would she find it exactly as her mom described? During the stroll, my mom shared memories of her mom and Varadero. The long, winding walkway was about to end, and the beach sand began. My mom put her flip flops to the side and sank her feet into the sand. As her toes disappeared into the sand like quicksand, she slowly looked up in front of her. She released a soft "Ahhh," and said, "Just like what I was expecting." My heart swelled with happiness.

Slowly we made our way to the water's edge. She stopped and looked far beyond the ocean's horizon. Her eyes filled with tears as she said, "I can't believe I am here. I cannot believe I am finally seeing, touching, feeling Varadero. Thank you, son!"

The waves crashed onto our sandy feet. She turned toward me, hugged me tightly, and said, "Thank you. It is everything I could ever imagine. If not for you, I would have never seen it."

The next morning, I could not wait to go jogging along the ocean. I stretched and walked quickly toward the beach. Upon my arrival, I witnessed Varadero's beauty. I made my way through the water-combed sand, reaching the edge. The ocean spoke to me as the waves crashed onto the shore and bubbles caressed the soles of my sneakers. In the distance, seagulls perched on a large, dark rock. Farther out, two boats were docked at sea. I took a moment to appreciate the beauty before me. As excitement over my upcoming run overwhelmed me I noticed a beautiful yellow sun rising in the far distance. I could not wait any longer. I started my early morning jog as Celia Cruz and Willy Chirino's "Cuba Que Lindos Son Tus Paisajes" (Cuba How Beautiful Are Your Landscapes) escaped through my headphones.

I made the first footprints of the day on the flour-like, shell-less sand, footprints that were erased by a single crashing wave. To my right, the first few rays of the just-risen sun escaped through the white, fluffy clouds, beaming into the ocean and reflecting its beauty into my eyes. To my left, the shadows of the city of Varadero disappeared with the setting moon and the panorama of beach resorts came into clear view. I had been lucky to find yet another treasure.

My forty-five-minute jog came to an end, but I was fortunate enough to see the city rise and prepare for its daily pilgrims. As I reluctantly retreated from the ocean, children eagerly ran toward it with their floats to catch the first waves of the day. A golden retriever made its own paw prints, covering a large area as he chased birds. Lovers walked briskly hand-in-hand to make their own footprints and write messages of love on the sand.

I, on the other hand, disappeared, unnoticed, into the town of Varadero.

My dad at Varadero beach

CHAPTER FIVE:

PERSONAL CLOSURE

In retrospect, I believe that it was important for me (and perhaps it was destined), that I experienced the island on my own for that first trip to Cuba. To see, hear, touch, and feel this majestic island without it being filtered through others. To immerse myself in a new territory, a new country, and to add to my growing list of places I have visited.

Well, perhaps not an entirely new territory, but new to my senses, my heart, and my soul. I was able to wonder and imagine freely. To daydream about Cuba's past without interruption and remain in that euphoric state that one experiences in new destinations. I didn't have to pay particular attention to details, dates, and locations—I could immerse myself freely in a new country, though in truth this country was special and had personal family history attached to it.

My parents and me

After experiencing Cuba once, the second time I was able to focus on the more intricate, important details, and the romantic, and at times chilling, storytelling from my parents as we strolled the beautiful streets of Havana. I was enmeshed in the personal stories of their last days on the island and the ordeal they went through in order to escape communism. Stories of surviving refugees extricated from their own country to start anew in a foreign land. I felt comfortable in Cuba, where I had dedicated myself to absorbing my family history in both sight and sound.

In my true heart of hearts, I experienced Cuba the way I was supposed to. First as a casual observer and tourist, the way I had experienced other countries. And for the second and more important trip, I experienced the island as a member of the community. As a descendent of Cuban ancestors. As an individual whose very roots came from this beloved island. As an American with Cuban parts.

And that, my friends, concludes the trip of a lifetime. A journey of closure and understanding. Closure for my own personal cravings of knowledge that pertained to my family history that only a trip such as this could provide.

This is also the beginning of my new journey as a man who found the missing pieces of the Iglesias puzzle to finally complete the study of his family history—a history that continues to evolve.

Cuba, your children continue to cry!

¡Cuba, tus hijos siguen llorando!

My parents!

CUBAN CLASSICS
BEVERAGES AND MEALS

Beverages:

Cuba Libre:

Ingredients:

1 ounce of Bacardi Gold rum

3 ounces of Coca-Cola

Garnish with a lime or with lime juice

Mix the ingredients together and enjoy.

Cuba Libres

Mojito:

Ingredients:

2 ounces of Bacardi White Rum

½ cup of club soda

2 tablespoons of white sugar

½ lime or lime juice

4 fresh mint leaves

Place the mint leaves and lime into a glass. Muddle the mint leaves and lime. Fill the glass with ice. Pour the rum into the glass and fill the glass with club soda. Stir. Garnish with a lime.

Mojitos

Daiquiri:

Ingredients:

2 ounces of Havana Club Rum or
Bacardi White Rum

1 ounce of lime juice

¾ ounce of Maraschino liquor

2 cups of ice

1 teaspoon of granulated sugar

Combine all ingredients into a blender with ice. Pour into a chilled glass. Garnish with a lime.

Havana Club Rum

Meals:

Crispy Beef with white rice and black beans:

Ingredients:

1.5 pounds of flank steak	Salt – 2 pinches
1 green pepper diced	2 tablespoons of fresh lime juice
2 onions diced	2 tablespoons of extra-virgin olive oil
1 bay leaf	1 can of black beans
2 garlic cloves, smashed	Freshly ground pepper

Cooking Directions:

1. Combine the flank steak, peppers, onion, and bay leaf into a large sauce-pan. Add water to cover the steak and bring to a boil. Simmer over medium heat for about 15-20 minutes. Remove the steak and let cool. Shred the meat.

2. Take the garlic and grind to a paste with salt. Take the garlic, salt, lime juice, olive oil, and onions and pour over the meat and stir. Let marinate for up 2 hours.

3. Cook the meat on high in a skillet or pan and add salt and pepper. Cook until crispy.

4. Heat the can of black beans in a saucepan. Add a tablespoon of olive oil, salt to taste and pepper.

5. Serve with white rice. Pour the black beans over the rice.

Picadillo – Ground Beef with white rice:

Ingredients:

1 tablespoon of olive oil	½ cup of raisins
1 clove of garlic, minced, or more to taste	1 (8 ounce) can tomato sauce
1 small onion, chopped	1 tablespoon ground cumin
½ green bell pepper, chopped	1 teaspoon white sugar
1 pound lean ground beef	2 potatoes diced
6 large pitted green olives, quartered	Salt to taste
	Goya Complete Seasoning

Cooking Directions:

1. Heat olive oil in a skillet over medium heat.

2. Cook and stir garlic, onion, and green bell pepper in the hot oil until softened, 5 to 7 minutes.

3. Crumble ground beef into the skillet; cook and stir until browned completely, 7 to 10 minutes.

4. Stir olives, raisins, tomato sauce, complete seasoning by Goya, cumin, sugar, and salt through the ground beef mixture.

5. Cover the skillet, reduce heat to low, and cook until the mixture is heated through, 5 to 10 minutes.

6. Serve with white rice.

ACKNOWLEDGMENTS

This book would not have been possible without the help and encouragement of some very special people.

First, both of my parents who have played a major role in my life and who have molded me into the man I am today. Despite their trials and tribulations of being refugees of Cuba, they persisted, overcame adversity, and worked extremely hard together to provide me with the best life they could. Thank you for your unconditional love, support and encouragement through my entire life. I would not be half the man I am today without you. I hope I did our family history justice.

These trips to Cuba would not have been possible without Jim Giddings whose love of history, even if it is my own family history, encouraged me to have difficult conversations and made these laborious trips a reality. If it were not for him, I may have never gotten to Cuba, and may have never closed my family history circle. Thank you for your encouragement, love, and support in making these trips possible and for showing me the world!

To my editor Fred Aceves (www.FredAceves.com) who pushed me to expand my writing to make a more complete story. His quick turnaround time and wonderful advice has made this book possible. Thank you for your time, knowledge and recommendations to make this the perfect Iglesias family story.

To Carmen Riot Smith, I love that you love words. Thank you for gracing my little project with your red pen. I am both honored and humbled by your quick responses and recommendations to make this the perfect Iglesias history story.

To my sister for her enthusiastic spirit, quick typing, thanks to her piano playing skills, and assistance with the collection of information. Thank you for your time in reading every word and providing your insight and suggestions. It was immensely helpful and I am forever grateful for your time. Thank you for believing in me, for believing in us, and in our story, especially when I wanted to give up. I hope I made you proud.

To Laurin Mottle, my communist destination travel buddy. From day one you insisted I turn my family history into a book. But I thought no one would be interested. Thank you for your encouragement and belief in me, in my story, and in this project. Where are we going next?

To Renate Lwow, thank you for being a sounding board and for the gift of your time since day one. Your unwavering interest and attention to detail regarding my little story was heartwarming and very much appreciated. Now, let us get your book started!

Also, to all my other friends and family members who have contributed to this project with your insight, your words of encouragement, and so many for whom I am eternally grateful. Thank you for your love and support.

Finally, to those who read my book, thank you! I hope it encourages you to investigate your own family history, to travel to uncomfortable places, and have uncomfortable conversations. It will be worth every second and penny spent to complete your own family puzzle.

CUBA LIBRE!

they have no idea what it's like
to lose home at the risk of
never finding home again
to have your entire life
split between two lands and
become the bridge between two countries.

Rupi Kaur

Painting by my niece Olivia Glass
www.OliviaRGlass.com

¡CUBA,

TUS HIJOS LLORAN!

Por:

Otto H. Iglesias, Esq.

Impreso por BookBaby, Inc., en los Estados Unidos de América..

Primera impresión, 2021.

BookBaby Publisher
7905 N. Crescent Blvd.
Pennsauken, NJ 08110

Leer una historia de amor de la que fui testigo con ojos frescos, viniendo de mi hermano con tanto humor y respeto por nuestros padres, es conmovedor y un tributo a nuestra familia y a esa generación específica. Me hace sentir orgullosa de ser su hermana y de ser una cubana que creció en Miami durante una época que nunca se repetirá.

Dra. Amaryllis Iglesias Glass

Leer *Cuba, ¡tus hijos lloran!* de Otto Iglesias es como descubrir un joyero, apartado y olvidado durante mucho tiempo, repleto de piedras preciosas. Un diamante es el devoto y compasivo homenaje que dedica a sus padres, recordando sus historias de infancia antes de partir de la Cuba precastrista. Piedra de luna es la colección de recuerdos, a la vez una elegía y un lamento a sus abuelos y bisabuelos, compuestos y recogidos de viñetas refractarias que se le repitieron a lo largo de su infancia y adolescencia. El rubí es la valentía bruta que le supuso acompañar a sus padres de vuelta a su tierra natal, reconstruyendo y revisitando pacientemente los lugares de la infancia que llevaban décadas albergando en su corazón. Por último, el zafiro, una de las gemas más brillantes, es la capacidad del Sr. Iglesias, a través de hábiles descripciones y significativas metáforas, de permitir que el lector se sienta como si no sólo acompañara a esta familia en este esperado reencuentro con su pasado, sino que también experimentara sus emociones.

Renate Lwow

Qué sorprendente relato de primera mano sobre el torbellino emocional que se enciende cuando un cubano-americano de primera generación regresa a la isla de sus raíces. Otto Iglesias, mi norteamericano favorito con partes cubanas, hace un trabajo suburbano para atraer a su audiencia mientras explora el país que sus padres aún llaman hogar, a pesar de haber sido expulsados hace más de medio siglo. Y qué delicia experimentar sus alegrías y penas cuando por fin es capaz de traerlos a casa. Una lectura obligada para todos los cubano-americanos, especialmente, y me siento muy feliz y humilde por haber sido una pequeña y muy pálida parte de esta aventura.

Laurin J. Mottle

DEDICATORIA

Este libro encapsula la definición de tenacidad, fuerza, determinación y logro, al tiempo que supera el miedo. La resiliencia de mis padres es contagiosa y entrañable y me siento agradecido por su perseverancia. Escribir me ha dado la oportunidad de ahondar en mi historia familiar, tener conversaciones incómodas, experimentar felicidad, angustia y atestiguar el dolor de ser forzado a salir de la patria propia. Este libro está dedicado a mi madre Amaryllis Fernández Iglesias y a mi padre, Lázaro Antonio Arteaga Iglesias, Sr. Cuba, ¡tus hijos lloran! Espero haberlos hecho sentir orgullosos.

Mis padres

TABLE OF CONTENTS

Créditos fotográficos, a menos que se indique lo contrario:
Otto H. Iglesias
y
Jim R. Giddings

Mis padres

INTRODUCCIÓN

Comenzó cuando hojeaba entre las fotografías antiguas de mis padres de una Cuba libre en los años cuarenta y cincuenta en mi casa en Hialeah, Florida. Aprendí todo sobre Cuba de mis padres, pero nunca había visitado la amada isla ubicada a solo noventa millas de Key West, Florida. Contaban historias de noches románticas en las calles de La Habana, una isla donde la música cubana escapaba de los pequeños cafés y llenaba las calles con gente bailando y riendo. Yo aprendía la jerga reconocida sólo por otros cubanos.

La contienda política volcó la Cuba de la infancia de mis padres y evitó el viaje de regreso a la isla. Fue un conflicto tan intenso que miles de personas arriesgaron sus vidas para escapar a través de aguas infestadas de tiburones en balsas hechas a mano con rumbo a Miami, o a cualquier otro lugar, para poder alcanzar tierra y reclamar asilo político. Todo esto con la esperanza de obtener una vida mejor para ellos y sus seres queridos. Afortunadamente mis padres se fueron libre y voluntariamente antes de la revolución.

Experimentar esta yuxtaposición -amor por la isla y devastación por el colapso de una entonces hermosa sociedad- fue desgarrador. Me sentí como si hubiera sido criado en una burbuja cubana al tiempo que era expuesto a los elementos desconocidos de las tradiciones americanas. Una contradicción de todo tipo. Durante toda mi vida anhelé una mejor comprensión de mis orígenes, los detalles de cómo mis padres dejaron atrás Cuba y lo más importante, de quién soy yo.

Deseaba experimentar de primera mano la Cuba de los recuerdos de mis padres, caminar por el malecón, sumergirme yo mismo en las visiones y sonidos de ese paraíso tropical. Después de cuarenta y seis años de no saber, me dispuse a aprender las historias de la familia Iglesias, a ver la isla a través de los ojos llenos de lágrimas de mis padres. Y finalmente, llevé a cabo esa misión.

Mi madre y padre

CAPÍTULO UNO:

CRECER SIENDO CUBANO

EL AÑO: 1972
EL MES: Febrero
EL DÍA: Martes ocho
LA HORA: 8:20 a.m.

En este día y hora nací de padres cubanos refugiados. De este día en adelante, a lo largo de mi infancia, años de adolescencia y toda mi vida adulta fui criado como un cubano nacido en los Estados Unidos, o como algunos dirían, americano con partes cubanas. Nací y crecí en Hialeah, Florida en los setenta; tenía una comunidad cubana muy pequeña en ese entonces.

Ahora que lo reflexiono, era como vivir en Cuba, o lo que yo asumía era como vivir en Cuba, o lo que yo pensaba que era Cuba en ese entonces. No sabía más que eso.

Hablábamos únicamente en español, mi primer idioma. Mi madre siempre decía, "habla español en casa, ya aprenderás inglés en la escuela"; hasta este día mantiene esa creencia. Fue complicado al crecer porque despertaba hablando español, luego asistía a la escuela en donde traicionaba por hablar en inglés y después de hablar inglés todo el día regresaba a casa. Mi inclinación natural hubiera sido hablar inglés, pero cuando me dirigía a mi madre en inglés ignoraba mis comentarios a propósito y decía de forma sarcástica "en español". Estoy eternamente agradecido con ella pues ahora domino dos idiomas.

Mi madre

Crecer con padres cubanos en Hialeah, una pequeña ciudad al noroeste de Miami, no fué fácil. La barrera del idioma siempre fue un problema, especialmente para mis padres y encontrar comida cubana para los almuerzos en casa era una tarea difícil. Mis padres también tenían dificultad para encontrar trabajos que fueran significativos. Así que mis padres, siendo emprendedores, abrieron su propio negocio de servicios de limpieza llamado Servicios de Conserjería Palm Springs, lo cual requería largos turnos vespertinos hasta tardes horas por la noche. Mi hermana, mi hermano y yo nos quedábamos con nuestros abuelos mientras mis padres trabajaban.

A la edad de seis años, comencé a ayudar a mis padres con el negocio familiar. Mis responsabilidades consistían usualmente en vaciar los botes de basura de un edificio de oficinas, barrer o trapear los pisos, o lavar los baños. Mis días consistían en ir a la escuela entre las 8:20 a.m. hasta las 2:20. Terminaba mi tarea y hacia mis estudios entre 3:00 y 5:00 y trabajaba desde las 6:00 hasta la medianoche, así en repetición.

No podía practicar deportes. Siempre me gustó el béisbol y mi padre decía que era un gran bateador. También me gustaba el voleibol. Mi hermano jugó por un tiempo y yo quería seguir sus pasos. De cualquier forma, debido a la necesidad de trabajar para el negocio familiar no me era posible practicar o jugar. También me perdía los cumpleaños de amigos y reuniones para asistir al negocio familiar y ayudar a poner comida en la mesa.

Aún con recursos limitados mis padres hicieron enormes sacrificios para enviarnos a escuelas católicas privadas. Toda mi vida fui a escuelas privadas, comenzando por la Escuela Primaria La Inmaculada Concepción en Hialeah. No pasó mucho tiempo antes de que me diera cuenta que yo era distinto a mis compañeros, no porque el tono de mi piel fuera un poco más intenso, caramel-izado y oscuro que el del resto de mis compañeros, ni por mi tupida uniceja, o mi cabello grueso y ondulado que necesitaba ser peinado por mi madre durante 15 minutos cada mañana antes de asistir a la escuela.

Cuando estaba en preescolar, la mayor diferencia se notaba durante el almuerzo, principalmente porque nos sentábamos en mesas alargadas con seis niños por mesa. Los niños compartían sus almuerzos y colocaban una servilleta grande al centro. Entonces todos vaciaban sus bolsas de papas fritas y comían cualquier variedad que quisieran. Yo nunca llevaba papas fritas. Casi todos mis almuerzos consistían en pan cubano, jamón y queso, alguna combinación de pasteles cubanos con croquetas o frijoles negros con arroz y algún tipo de carne, que usualmente era entregado personalmente por mi abuelo a la hora del almuerzo para que estuviera caliente.

Los otros niños llevaban sándwiches de crema de maní y mermelada, hechos con pan Wonderbread y papas Lay's, Doritos o alguna otra marca popular de los Estados Unidos. Ellos pensaban que mis almuerzos eran raros, pero no me importaba pues yo pensaba que sus sándwiches de apariencia seca e insípida eran los raros.

La combinación de crema de maní con algún tipo de jalea me parece inusual. Siempre me ha parecido así y siempre me lo parecerá. Hasta que fui a la escuela de leyes que tuve un verdadero acercamiento con la crema de maní. Sin mencionar que ver a un amigo poner crema de maní en un pan es al mismo tiempo difícil y entretenido ¡siempre se rasga el pan! Luego pones un poco de mermelada encima y esta se escurre por el agujero recién hecho con el cuchillo mientras untas la crema de maní. Es raro. Hasta la fecha, nunca he comido un sándwich de crema de maní y mermelada.

Mientras crecía con mi hermano y hermana mayor se nos enseñaron con-stantemente las costumbres cubanas (las camisas siempre van planchadas, los zapatos brillantes, las mujeres usan perfume y los hombres colonia, la caballerosidad es de gran importancia y se enseña a los niños desde edad muy temprana). La música cubana era parte muy importante de nuestras vidas (en lo personal, me gusta mucho Celia Cruz -¡Azúcar!). La música clásica también jugaba un papel importante en nuestras vidas. Mi abuela materna enseñaba piano y mi madre tomaba clases también. Comíamos únicamente comida cubana. Algunos de mis platillos favoritos son carne con papa o vaca frita y arroz con frijoles negros.

Mi hermana, mi hermano y yo

Mis padres siempre hablaban de la isla de Cuba. Recuerdo intensamente las muchas veces que mi madre dijo en voz baja "Cuba, tus hijos lloran.". Hablaban de esta isla especial con mucho cariño, pero también con dolor. Tenían maravillosos recuerdos de lugares mientras crecieron allá: playa Varadero, El Morro, El Malecón y Tropicana, por mencionar algunos. Aseguraban que Cuba tiene las playas más maravillosas, con la arena más blanca y suave, parecida a la harina.

Fue confuso crecer alrededor de esta relación amor-odio con la isla. Odiaban haber sido expulsados fuera de su país, obligados a dejar todo atrás. Despreciaban el hecho de que Cuba se hubiera vuelto comunista, lo cual no se alineaba con sus creencias. Su exilio forzado los había llenado de temor por lo desconocido, temor de mudarse a un país donde tuvieron que comenzar de nuevo, temor de no ser capaces de sobrevivir en otra cultura.

El miedo sobre en qué se había convertido Cuba ahora los disuadía de cualquier plan de regresar. Era difícil para mí entender por qué no querían regresar a Cuba, especialmente cuando Cuba se encuentra a tan corta distancia de Miami. En ocasiones expresaban afecto y añoranza por aquella isla maravillosa y a veces los recuerdos eran demasiado dolorosos como para hablarlos abiertamente.

La oposición de mis padres por regresar a Cuba también se debía en parte al orgullo e indignación. "No regresaremos mientras Castro esté en el poder.

Nos echó fuera, así que ¿por qué volveríamos ahí?". Además, la prohibición fue también por mandato de los Estados Unidos. Ya que no se podía viajar a Cuba desde territorio estadounidense se tenía que llegar a través de México o Canadá.

Toda mi vida quise ir a Cuba, pero mis padres no lo permitirían, a veces era incómodo hablar al respecto. Cuando tomábamos cruceros desde Miami y pasábamos por la isla de Cuba, nos reuníamos en la cubierta y cantábamos el himno nacional. Yo me quedaba ahí, preguntándome por la isla hasta que desaparecía en la distancia. ¿Cómo sería vivir ahí?, ¿cómo hubiera sido distinta mi vida si hubiera nacido allá?, ¿en qué me habría convertido?, ¿me hubiera reubicado en los Estados Unidos?

Mis padres dejaron Cuba a una edad muy temprana. Mi madre tenía dieciséis años y mi padre tenía veinte, ya estaban saliendo por ese entonces. Dejaron todo atrás a excepción de lo que llevaban puesto. Mi madre fue a Jamaica en busca de asilo, eventualmente llegó a Puerto Rico para quedarse con familiares. A mi padre, por otro lado, se le negó la visa y tuvo que partir rumbo a España por un periodo indeterminado que terminó siendo un año.

Desde Madrid le escribió a mi madre una carta cada día durante todo un año. Mis padres nos contaron a mis hermanos y a mí que estas cartas aún existen y están encuadernadas en piel, pero nunca han visto la luz del día debido a su contenido personal. Las cartas están guardadas en una caja fuerte a prueba de fuego, encerradas fuera de la vista de cualquier potencial fisgón. Cuando se mencionan esas cartas, escucharás a mi madre soltar una risilla y decir que son privadas. Mi padre simplemente sonreirá con gusto, pero no dirá una sola palabra.

Respetando su privacidad no puedo evitar reflexionar sobre estas páginas y cartas que fundaron las bases de un amor sempiterno. Un amor tan fuerte que se ha mantenido intacto, manteniéndose unido por cada palabra escrita, cada puntuación utilizada y cada sentimiento expresado para mantenerse conectados. En ese entonces, antes del correo electrónico, mensajes de texto y Facetime, escribir correspondencia era el único modo accesible de comunicación -las llamadas de larga distancia eran demasiado caras. La anticipación y esperanza de que el cartero entregara una carta de tu ser amado era emocionante.

Foto de mi madre de bebé

Hace algunos años fui lo suficientemente afortunado para viajar a España con mis padres y ver en dónde trabajó mi padre, donde vivió y donde fue que escribió esas famosas trescientas sesenta y cinco cartas que mantuvieron la relación de mis padres a flote mientras se encontraban a miles de millas de distancia.

Fue un viaje fascinante. Durante ese viaje ansié más información sobre la historia de mi familia y el deseo de ir a Cuba aumentó. Sentía que tenía solamente la mitad de la historia. Mi padre pasó tiempo en España esperando una visa, pero ¿cómo es que esto pasó?, ¿cómo llegó a España?, ¿qué pasó después? Se encendió mi interés por saber quién soy, los orígenes de mi linaje parecían aún más intrigantes. Quería saber más acerca de los lugares de importancia para mis padres en Cuba; en dónde vivieron, en dónde se conocieron y a dónde fueron a la escuela.

Mis padres

Poco tiempo después decidí que era tiempo de preparar un regreso a Cuba. Dos veces intenté planear un viaje a Cuba y dos veces mis padres simplemente dijeron que no podían hacerlo. No querían revisitar esos recuerdos tristes, los cuales preferían dejar intactos y asentados en lo profundo de sus mentes. Eran recuerdos de donde yo esperaba saber más, pero eran recolecciones difíciles de un tiempo terrible, representaban las historias de la lucha de mis padres y su determinación por tener una vida mejor; no solo para ellos, sino también para sus hijos.

Descubrí otro obstáculo para su regreso a la isla: mis padres creían que si decidían ir a Cuba, amigos y familiares que habían pasado por la misma experiencia los considerarían traidores. Regresar a una Cuba aún comunista era impensable. En sus mentes, los dólares de los turistas financiaban el régimen. Mis padres tenían tanto enojo y dolor que la idea de regresar a una Cuba que no había cambiado era demasiado difícil. No los culpaba.

Había pasado más de medio siglo desde que habían estado en su tierra natal. Cincuenta años de recuerdos por difuminar y memorias por desaparecer. Algunos de esos recuerdos fueron olvidados a propósito, considerando la tristeza que rodeaba una partida forzosa. Quizás, esa sea la mayor tragedia de todas: sólo quedaban recuerdos desvanecidos de una isla que aún llaman hogar.

Mi padre

Cuando las restricciones de viaje a Cuba fueron atenuadas alrededor del 2016, viajar directamente desde los Estados Unidos se convirtió en una posibilidad. Me sentí más motivado en mis esfuerzos, pero mis padres se negaron con el mismo vigor. En el verano del 2016, mientras planeaba un viaje a Cuba volví a intentar convencerlos de ir. Nuevamente se negaron. Incluso trataron amablemente de disuadirme. Me enviaban artículos de noticias del Heraldo de Miami sobre sucesos ocurridos a turistas en Cuba.

Hablé con ellos con el mayor respeto: "debo ir para cerrar esta historia familiar para mí".

Al abrirse lentamente al turismo, Cuba se convertía en un destino interesante para aquellos en los Estados Unidos. Dos amigos míos y yo hablábamos sobre un viaje a Cuba. Al principio sentí que debía ir con mis padres, así no me considerarían a mí un traidor.

Como mis padres se encontraban en sus setentas, sentí que si no hacía ese viaje pronto quedaría privado de la historia familiar completa. Todo ese bloque de tiempo quedaría perdido sin siquiera tener la oportunidad de ser recapturado. El momento era ahora.

La oposición que recibí de mis padres eran preocupaciones de una Cuba de hace cincuenta años. El miedo a que no se me permitiera partir y estar sujeto al gobierno de Castro. Miedo a que sería arrestado y no se me liberaría. Miedo a que de alguna manera el gobierno sabría que ellos salieron antes de la revolución y yo sufriría las repercusiones.

A pesar de mi enorme deseo por ir, las creencias y los miedos inculcados en mis padres durante tantos años se fueron filtrando en mi cabeza. Era un constante estira y afloja entre ellos y la realidad. No estaba seguro de que entendieran cuál era la situación actual puesto que parecían atrapados en el pasado.

Afortunadamente el deseo de desarrollar una comprensión sobre mí mismo superó cualquier miedo que hayan expresado. Tenía la certeza de que podría hacer un viaje a Cuba a pesar de sus temores. A pesar de que intentaron evitar que fuera, decían frecuentemente "eres un hombre adulto y puedes tomar tus propias decisiones. Si decides ir, ve con cuidado por favor."

Una vez que llegamos a este acuerdo comenzaron a aceptar la idea de que iba a viajar a Cuba. De ahí en adelante colaboraron en proporcionar la información necesaria respecto a sus vidas allá. Estaban asustados y con reservas respecto al viaje a Cuba, pero al mismo tiempo estaban emocionados por mi.

Como he viajado a muchos otros países con anterioridad, no compartía los mismos temores que ellos, pero secretamente creía en el fondo de mi corazón que estaban ligeramente emocionados de que yo estaría expuesto a su estilo de vida en Cuba y conocería más acerca de cómo se convirtieron en quienes son.

Mis padres habían escrito notas y dibujado mapas de Cuba
basándose en recuerdos de hace 50 años.

NACÍ: EN SANTOS SUARE C
EN LA CALLE: JUAN DELGADO
Y SAN BERNARDINO, TENGO
UN PRIMO POR PARTE de MADRE
SE LLAMA: RICARDO ARTEAGA.
EL VIVE EN LA CASA QUE NACIMOS
mi hermano Y YO. MI TIO SE
LLAMABA: DR. JOAQUIN ARTEAGA
PREGUNTALE A LOS MAS VIEJOS
SI CONOCIERON A MI TIO, ERA MUY
CATOLICO, PRACTICANTE, EL RESTO DE
SU FAMILIA ESTA EN MIAMI YO NO
QUISE TENER CONTACTO CON NINGUNO
DE ELLOS PUE LA MADRE DE ELLOS ERA
COMUNISTA Y AHORA ESTA EN MIAMI.
①

GOICURIA #622 (# 2) 100% L House L Door
2nd FLOOR - derecha
FACING THE 4 APARTMENTS
ENTRE AVENIDA DE
ACOSTA Y ARANGUREN
REPARTO SANTOS SUAREZ
BUENA VENTURA #612 Dad Lived had
ENTRE SAN FRANCISCO Y
MILAGROS /VIBORA/LAWTON

Calle Gutierrez #211 entre Mendoza y Godinez
en los altos. parados frente al edificio, el de la
mano iz. eran 4 casitas al frente y aptos
detrás en (REPARTO LA CEIBA) Marianao. Vivió mami desde 5 ó 6
años hasta 13 ó 14. Fuí al colegio americano
metodista de niñas, se llamaba "Colegio
Buenavista". y el brother school de varones
se llamaba "Chandler Collage" estaba enfrente
uno del otro y ahí iban tu padre y Tony.
Para ir al colegio estando en Gutierrez, caminas
hacia la calle Mendoza, después Primelles
y después Miramar creo que estaban en la
calle Miramar.
De esa casa, nos mudamos cerca que la
dirección era: Avenida 41 #5421 entre Primelles
y Miramar, era una avenida. (aquí fuimos novios)
Estudié musica en el "Conservatorio Peyrellade"
la dirección se: Reina # 453 en la Habana
a lado de la Iglesia El Sagrado corazon que es
bella, El Conservatorio estaba en el 2° piso.
La casa de la Ave 41 eran una abajo y otra
arriba, nosotros vivíamos arriba.
Despues estudié en el Vedado en 23 y D en
la "Nabel Academy" pero no tengo la dirección
pero esta como a 2 ó 3 casas de la esquina 23 y D
Había un parque en la esquina y ahí conversamos
tu padre y yo. de ahí con 16 años para Puerto Rico,
N. jersey y Miami. EN ESE PARQUE DE 23 Y D NOS HICIMOS
NOVIOS.

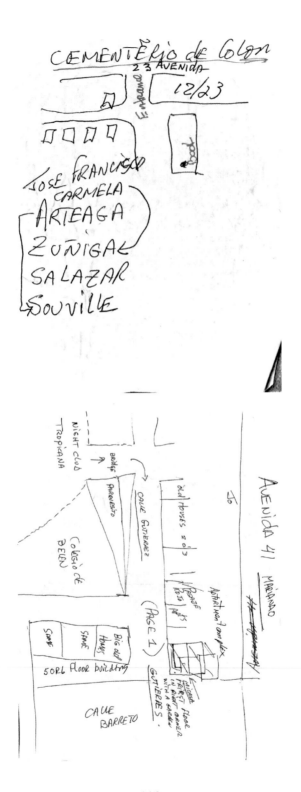

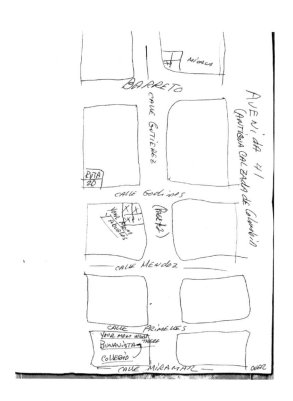

BARRETO

AVENidA 41
(ANTIGUA CALZada de Columbia)

CALLE Gutierez

RUTA
20

CALLE Godines

Your House
Pasados
X X
X
X

(PAGE #2)

CALLE MENdez

CALLE PRIMELLES

Your mom went there
BUENAVISTA
COLLEGIO

CALLE MIRAMAR

OVER

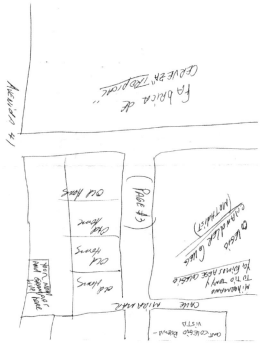

Avenida 41

FAbrica de
CERVEZA "TROPICAL"

Old House
Old House
Old House
Old House

(PAGE #3)

Your moms house
and grandpas house

CALLE
MIRAMAR

Iglesia
CANDLER COLLEGE
(METHODIST)

MiRAMAR
To 7th AVE... Y
YOU ALWAYS PAGE QUESTE

OUR COLLEGIO BUENA
VISTA

La preparación para este viaje me permitió la oportunidad de pedir información de mis padres respecto a sus domicilios, los colegios a los que asistieron, los clubes en donde bailaron, los lugares emblemáticos, el lugar donde se dieron su primer beso, el parque donde comenzaron su relación así como las descripciones de las calles y los hogares que fueron de suma importancia para ellos en Cuba.

Me proporcionaron tanta información como pudieron recordar. Para mí esta era una manera indirecta de obtener su bendición para regresar a la patria. No estoy seguro de que nadie jamás haya sido privilegiado con tanta información importante, única y a detalle con respecto a sus antiguas vidas en Cuba.

En casa los detalles sobre la vida en Cuba se discutían escasamente. Los detalles más íntimos y la ubicación exacta de los lugares destacados para la familia nunca fueron necesarios pues nunca creímos que seríamos capaces de viajar a Cuba, pero conforme el viaje se convertía más y más en una realidad estos detalles íntimos se volvieron más cruciales. Simplemente esta información hacía que el viaje valiera la pena. Quizás no estarían conmigo en persona para experimentar esta reunificación con Cuba, pero estarían conmigo en mente, corazón y espíritu.

Así que, aquí me encuentro, un hombre cubano americano de cuarenta y seis años haciendo su primera excursión a Cuba. Un destino simple considerando mi historial de viajes. Después de pasar mi vida trabajando desde una edad temprana y atendiendo a la escuela continuamente, me gradué con maestría en leyes y doctorado en jurisprudencia y finalmente pude permitirme ver el mundo. En los años subsecuentes viajé alrededor de la tierra.

Ahora viajaba al lugar que más deseaba visitar: ¡Cuba!

Jamás había estado tan emocionado con respecto a un destino. Debido a la naturaleza sentimental de este viaje, quería asegurarme de estar preparado para documentar cada detalle. Así que tomé la información que me dieron mis padres y la estudié por días. Llevé un mapa de Cuba a mis padres en Miami y discutí con mi padre dónde se ubicaban los lugares de su memoria. Mi diario (o laptop) se encontraba formateada y lista para mis apuntes. Etiqueté cada día de viaje con la fecha y el destino programado. Pensé que esto me mantendría organizado y listo para los eventos de cada día. Además de asegurarme de documentar cada aspecto de este viaje para compartirlo con mis padres y hermanos, empaqué mi cámara digital Nikon recién adquirida con una batería de respaldo para así poder fotografiar todo lo que pudiera y recuperar la mayor cantidad posible de Cuba para llevarla de regreso a casa en mi diario, mis fotos y mi corazón.

El viaje comenzaría en la parte más al Este de la isla, para tener una mayor comprensión de la disposición del terreno, conocer las diferentes regiones y experimentar otras áreas antes de llegar al lugar más importante de todos: ¡La Habana! Donde la historia de mi familia comienza y termina.

Mamá, papá, Jim, Laurin y yo en la cena antes de partir a Cuba por vez primera.

El 11 de noviembre del 2016 viajé desde Boston, donde actualmente resido, rumbo a Miami. Después de pasar una noche en Miami abordé mi vuelo hacia la hermosa isla de Cuba para pasar once días maravillosos; aterrizando en Holguín y avanzando por tierra hacia La Habana, en donde nació mi padre y donde vivió por veinte años. También viaje rumbo a Pinar del Río, lugar donde nació y vivió mi madre hasta los tres años, antes de trasladarse a La Habana, en donde vivió a tres cuadras de mi padre hasta la edad de quince años.

Viajé junto con dos amigos. Jim es un gran amigo que ha viajado conmigo a un total de ochenta y nueve países y cinco continentes. ¡Y seguimos contando! Laurin es también una amiga muy especial que conocí en un viaje a China tres años antes. Tenemos una broma interna sobre cómo solamente viajamos juntos a países comunistas.

Lo que viene a continuación es un reporte personal de mi primer viaje a Cuba.

CAPÍTULO DOS

VOLANDO SOLO –
MI PRIMER VIAJE A CUBA

Viernes 11 de Noviembre, 2016 - Miami/Holguín/Santiago:
Visitas: Comida en el Hotel Pernik, tour de la ciudad de Santiago.

Bien ¡Llegué a Cuba! Increíble. Toda la vida con sueños de reconectar con mi herencia Cubana y con mi gente finalmente se había realizado.

Durante meses escuchamos historias sobre el proceso de documentación. El temor a Dios es implantado en uno para asegurarse de que tienes los documentos adecuados. Repetidas veces se te recuerdan los documentos requeridos y se te recuerda siempre llevar tus posesiones contigo. De hecho, American Airlines hizo que una segunda compañía hiciera una llamada de cortesía para asegurar que llevásemos todo lo necesario para ingresar a Cuba. Se nos dijo sobre los diversos puntos de control que había que pasar incluso antes de entrar a la aeronave en Miami. El agente de embarque de American Airlines hizo un hincapié: FAVOR DE NO ABORDAR EL AVIÓN HASTA HABER RECIBIDO UN SELLO CIRCULAR VERDE. He viajado a China y Rusia, ninguna de las cuales tenía estos protocolos. Esto solamente intensificó mis temores; los mismos miedos que tenían mis padres previos a mi partida.

Nuestro vuelo de Miami a Holguín salía a las 10:20 a.m. Llegamos al aeropuerto cuatro horas antes, tal como se nos indicó. ¿En dónde se encontraban los puntos de registro extras?, ¿y la estampa circular verde? Tomó dos segundos. Al parecer entrar a Cuba es en donde radicaría la dificultad.

El vuelo tomó alrededor de una hora. El hermoso océano debajo era de un azul realmente cautivador. Al acercarnos a Cuba, inmediatamente advertí las grandes palmeras esparcidas por el aeropuerto. Cuando aterrizamos y tuve mis primeros avistamientos de Cuba mis ojos se llenaron con la belleza de la isla y mi corazón latía con mayor velocidad que las gotas de lluvia al caer durante una tormenta. Quería poner pie en tierra cubana y besarla.

Primero pasé por la aduana, lo cual no fue difícil. Me pidieron mi pasaporte, tomaron mi fotografía, preguntaron cuántos días permanecería y estamparon mi pasaporte. Procedí por la puerta sin cerrar junto al oficial de inmigración que la cerró tras de mí con un sonoro golpe. Nada mal para un descendiente de padres que salieron previamente a la revolución.

Aproximadamente cinco minutos después, Laurin salió tras la puerta. Diez minutos más tarde, no estaba Jim, quince minutos más tarde, aún no aparecía Jim. Laurin y yo seguimos esperando mientras otros pasajeros salían. Todo el mundo había pasado la aduana. Laurin dijo que Jim había estado justo detrás de ella y había entrado a la caseta, pero no lo vio salir.

¿Fue enviado de regreso?, ¿estaba en el cuarto de interrogatorio donde le estaban haciendo preguntas sobre mí?, ¿porque querrían detener a un estadounidense?

Aproximadamente veinte minutos después, Jim apareció junto a una mujer. Se le había enviado a un cuatro aparte una vez que había entrado a la caseta, para responder algunas preguntas básicas sobre su visita a Cuba.

El resto del camino a través de la aduana nos escoltó esa mujer, quien nos entregó a nuestra guía de turistas. Así que el cubano americano pasa por la aduana cubana sin obstáculos, pero el que es totalmente norteamericano es retirado e interrogado por media hora. Vaya.

Desde el primer minuto en que pisamos Cuba, el servicio, así como la usanza y estilo cubano en el que me criaron fueron evidentes. Nuestro guía Félix y nuestro conductor Dago fueron extremadamente reconfortantes y serviciales. Me sentí en casa al instante. En retrospectiva, desde el registro en Miami hasta la llegada a Holguín, el proceso no fue peor que en cualquier otro país que hubiera visitado. De hecho, fue mucho más simple de lo que esperaba.

Yo, frente al horizonte Cubano

Tuvimos que conseguir divisas cubanas inmediatamente al aterrizar, ya que, a diferencia de los euros, los pesos cubanos no están disponibles en las casas de cambio estadounidenses. Tampoco se aceptan tarjetas de crédito en ningún lugar de la isla.

Después de intercambiar algo de dinero, tuvimos un tour por la ciudad de Holguín. Inmediatamente se pueden apreciar automóviles clásicos de los años cincuenta, en todos colores, brillantes y hermosos, lo cual emocionó a Jim. Cuba es famosa por sus automóviles clásicos. Por todas partes se encuentran automóviles hermosos y bien conservados de los años cincuenta e incluso de los años cuarenta.

Jim, frente a una línea de automóviles vintage

A causa de la revolución de 1959 y el embargo a Cuba, la isla no pudo recibir automóviles nuevos. La gente local tuvo que dejar que sus vehículos se deterioraran o hacer lo que posible con las partes que podían encontrar para poder tener transporte personal. Algunas personas diseñaron piezas para mantener los automóviles funcionando, lo cual se convirtió en un fenómeno para Cuba. Esta época congelada en el tiempo es una característica encantadora de la isla y probablemente una de las razones por las que a la gente le encanta visitarla.

Los automóviles me parecen hermosos e interesantes. Me trajeron profundos recuerdos de mi abuelo materno que tenía un Oldsmobile del año 1956 en Hialeah, Florida. Me recogía en él todos los días después de la escuela. Me gustaba cómo sobresalía entre las minivans o vehículos de lujo recogiendo a otros niños y me hacía sentir especial. Ver estos autos en Cuba me transportó a aquel entonces cuando yo tenía cinco y seis años, mi abuelo me recogía exactamente a las 2:20 p.m. en la Escuela de la Inmaculada Concepción. Estaba reviviendo este momento cuadro por cuadro cuando un auto semejante pasó a mi lado en la ciudad de Holguín. Sacudí mi cabeza para regresar a la realidad.

Sábado 12 de Noviembre, 2016- Santiago:

Visitas: Sitio de la batalla de la colina de San Juan, El Cobre, El Morro de Santiago, comida en el restaurante del Morro, castillo de San Pedro de la Roca, La casa de Diego Velázquez. Hospedaje en el hotel San Juan.

Hoy comenzamos el día con un tour de la Batalla de la Colina de San Juan, justo detrás de nuestro hotel. Esta batalla (1 de Julio de 1898) fue decisiva en la guerra española-americana. La colina de San Juan es una elevación de alrededor de dos kilómetros (2, 200 yardas) al este de Santiago de Cuba. La Colina de San Juan y la colina de Kettle fueron nombradas por los estadounidenses.

Esta batalla fue la más sangrienta y la más famosa pelea de la guerra. También fue la locación de la mayor victoria para los Rough Riders, como lo afirmó la prensa y su nuevo comandante Theodore Roosevelt, quien eventualmente se convertiría en vicepresidente y en presidente. Roosevelt fue galardonado después de su muerte con la medalla de honor en el 2001 por sus acciones en Cuba. La prensa estadounidense de aquella época pasó por alto el hecho de que los Soldados Búfalo de la 10ª caballería y el 24º regimiento de infantería hicieron la mayor y más ardua parte de la guerra.

Después nos dirigimos a visitar la Basílica de Nuestra Señora de la Caridad del Cobre que se ubica en una pequeña loma colindante a un paisaje sereno de vegetación con altas palmeras esparcidas por doquier. El edificio está pintado en un color amarillo mostaza de estilo antiguo, de gran altura por fuera pero mucho más pequeño de lo esperado por dentro. Mi madre, que está dedicada a la fe católica insistió en que esta era una visita que no podía dejar pasar. Es la señora de la Caridad original de la famosa Virgen María que apareció ante los pescadores.

Aquí la atracción principal es la estatua de la Virgen de la Caridad del Cobre. La madonna está ricamente vestida de amarillo y porta una corona incrustada en diamantes y amatistas. Se mantiene en una caja de cristal con aire acondicionado detrás del altar principal. Una hermosa imagen que debe ser contemplada. Desafortunadamente, se colocó tan alto en el altar que es difícil de apreciar.

Aquí entra mi cámara Nikon que aumenta el tamaño de las imágenes diez veces con ayuda de una lente. La madonna se para cómoda y orgullosa en su caja de diez por diez, tan prístina como es posible. Su vestido presionado es tan blanco como la nieve recién caída. Su joyería decorativa era brillante, como si estuviera recién pulida. Cientos de devotos hacen el peregrinaje a la iglesia para vislumbrar su imagen y rezarle para obtener su guía y consuelo.

Desde el Cobre viajamos a El Castillo del Morro San Pedro de la Roca, un fuerte a la entrada de la Bahía de Santiago. Este fuerte se ubica al borde de un acantilado y cuenta con varios pisos con maravillosas vistas del área que rodea a la bahía. Comimos en un restaurante llamado El Morro, por supuesto. Mientras comíamos nuestros sándwiches cubanos de jamón, puerco y queso, nos sentamos a lo largo del borde del acantilado con una maravillosa vista del agua.

Desde El Castillo del Morro San Pedro de la Roca tomamos un tour por la casa de Diego Velázquez. Diego fue un conquistador que se convirtió en el alcalde de Santiago. En nuestro camino a este punto emblemático cruzamos una plaza importante llena de niños que reían, perseguían y pateaban balones, adolescentes que aprovechaban el internet gratuito y parejas mayores caminando de la mano o disfrutando un helado de coco. Al acercarnos a la casa, lámparas antiguas oxidadas bordeaban el contorno del parque.

La casa de Diego Velázquez es la más antigua de Cuba. Desde afuera parece una propiedad comercial. La mayor parte se trata de una caja cuadrada de cemento, con un balcón que rodea el contorno en el segundo piso, pero está cubierta de un enrejado de madera al igual que las ventanas para proveer privacidad y protección. La casa está adornada con su decorado y mobiliario original antiguo. Se diseñó de modo laberíntico para que los visitantes no fueran capaces de recordar en dónde se ubicaban las habitaciones. ¡Un lugar muy interesante de visitar y sin duda uno de los lugares destacados de Santiago!

Domingo 13 de Noviembre, 2016 - Santiago/Bayamo/Camagüey:

Visitas: Tour de la ciudad de Bayamo, Iglesias San Salvador de Bayamo, La Capilla de Dolores, Casa Natal de Perucho Figueredo. Comida en el Hotel Royalton. Tour de la ciudad de Camagüey, Plaza San Juan de Dios, Iglesia de la Merced.

Antes de dirigirnos a Bayamo decidimos almorzar. Es nuestra segunda noche en este hotel y me he hecho amigo del personal. Nuestra mesera Evian (como el agua) sabe que se trata de nuestro último día. Me pregunta si me gusta Santiago y le respondo que me fascina. Después me pregunta si soy hispano. ¡Digo que sí! Continúa, "¿Sangre Cubana?" "Sí" le respondo. Me comenta que tenía una fuerte sensación de que así era dadas mis facciones, mis expresiones y mi español perfecto. ¡Mi madre estaría orgullosa! Se inclina para darme un abrazo y dice "bienvenido a Santiago. Que regreses pronto."

No fui a Cuba para obtener confirmación de mi linaje, pero se siente muy bien recibir esa afirmación de alguien local. Alguien nativo de Cuba. Me provee de una validación que nunca creí necesitar, me hace sentir más en casa aquí. Es curioso como crecí en Miami con tradiciones cubanas y puedo ser identificado por cubanos en Cuba como uno de ellos. Cuando viajo y llevo barba en cualquier otro lugar tengo una vibra de árabe o italiano, pero nunca de Latino. En cambio aquí, sin duda, soy cubano.

Yo

El sentimiento de pertenencia es tan poderoso en este momento. Ser criado por padres cubanos en Miami, durante una época en que Miami no estaba altamente poblada por cubanos, que mis gestos y el español que se me enseñó sean exactamente iguales como si hubiera sido criado en Cuba. Encajo perfectamente.

Comenzamos nuestra caminata con destino a Bayamo, donde fue escrito y compuesto el himno nacional cubano. Una cosa respecto a los cubanos: ¡Son gente orgullosa! ¡Basta con preguntarle a mi padre! Estar orgulloso de su patrimonio es algo que está arraigado en cada cubano. Puedo decir, por experiencia propia que a los cubanos se les enseña a estar orgullosos desde el día en que nacen.

En los Estados Unidos o al menos en los colegios donde yo crecí, recitábamos la promesa de lealtad cada mañana. En Cuba el himno nacional se canta en las escuelas, eventos deportivos, reuniones, conciertos y todo tipo de eventos. Naturalmente esto era de importancia para mí al crecer con dos himnos nacionales. Era importante ver el lugar en donde el himno nacional cubano fue escrito. A continuación, el Himno Nacional de Cuba:

¡Al combate, corred, bayameses!,
Que la patria os contempla orgullosa;
No temáis una muerte gloriosa,
Que morir por la patria ¡es vivir!
En cadenas vivir es vivir
En afrenta y oprobio sumido.
Del clarín escuchad el sonido:
¡A las armas, valientes, corred!

No temáis los feroces íberos,
Son cobardes cual todo tirano.
No resisten al bravo cubano;
Para siempre su imperio cayó.

¡Cuba libre! Ya España murió,
Su poder y su orgullo ¿do es ido?
¡Del clarín escuchad el sonido:
¡¡A las armas!!, valientes, corred!

Contemplad nuestras huestes triunfantes,
Contémplalos a ellos caídos.
Por cobardes huyeron vencidos;
¡Por valientes, sabemos triunfar!

¡Cuba libre! podemos gritar
Del cañón al terrible estampido.
¡Del clarín escuchad el sonido:
¡¡A las armas!!, valientes, corred!

Placa del himno nacional

En Bayamo también se peló la guerra española americana y muchas batallas durante la Guerra de Independencia de España.

Toma casi todo el día viajar de Santiago a Camagüey, con una escala en Bayamo. Una de las cosas que noté durante este trayecto es la falta de transporte público. Es prácticamente inexistente. Estábamos viajando en una minivan con aire acondicionado únicamente para nosotros cinco: mis dos amigos, el conductor, nuestro guía y yo, pero la gente local debe esperar en ciertas áreas por horas en un clima muy caluroso, a veces superior a los noventa grados Fahrenheit.

Esperan bajo puentes o a la sombra de los árboles hasta que el autobús se detiene, casi siempre solo cuenta con espacio para ir de pie. En ocasiones esperan la llegada de una motocicleta, ciclomotor o cualquier tipo de transporte que los lleve. Cuando no hay autobuses hay caballos y carretas, pero solamente llevan tres personas como máximo. De repente el Fiat negro que tengo en casa no parece tan pequeño.

Félix, nuestro guía, nos explica que la gente usualmente espera durante horas. Cuando no se encuentra trabajando, él mismo tiene que usar este tipo de transporte y hay días en que espera hasta cinco horas para llegar a su destino.

Llegamos a Camagüey alrededor de las 4:30 p.m., agotados de estar en la van por varias horas. La camioneta retumba frecuentemente a causa de los toscos. Nos hospedamos en las afueras de Camagüey y vamos a la ciudad por la noche para cenar y dar un tour nocturno.

Camagüey es la tercera ciudad más grande de Cuba. La mayoría de los edificios están vestidos en diversos colores pastel y son hermosamente iluminados por la noche. Las calles bordeadas de postes de luz le dan un ambiente romántico con luces Edison que enriquecen la experiencia de esta ciudad

Durante la cena somos recibidos por la anfitriona que está vestida en un atuendo tradicional cubano: un vestido tropical ajustado de estampado floral caribeño. Los tacones que lleva en sus pies han visto mejores días. También es parte del entretenimiento del restaurante. Su voz es pura y canta para nosotros al estilo típico cubano en un tono perfecto. Se mueve por el restaurante como una patinadora olímpica.

Nuestra cena se presenta con el básico de la cocina cubana consistente en arroz y frijol negro y lleva carne desmenuzada. La velada finaliza con nosotros terminando nuestras piñas coladas, mientras nos retiramos caminando junto al negro mar iluminado por la luna.

Lunes 14 de Noviembre, 2016 - Camagüey/Trinidad:
Visitas: Tour de la ciudad de Camagüey, Iglesia Parroquial Mayor, Puente del Río Yayabo. Sancti Spíritus. Cena en Paladar Solananda.

Hoy comenzamos el día con nuestro tour de Camagüey, una ciudad famosa por su distrito teatral. Posters con imágenes de celebridades de antaño, detrás de marcos de arte comerciales aún decoran los muros. Carteles clásicos de películas como Casablanca, Lo que el viento se llevó y Cantando bajo la lluvia en cajas de cristal. Esculturas de hierro de cámaras y carretes de película también decoran los ayuntamientos.

Camagüey es conocida por lo bien preservado del centro de la ciudad. Los edificios están pintados en colores primarios brillantes como recién salidos de una caja de crayones. Un pequeño tour de una pequeña iglesia en donde la Virgen María se encuentra en el altar, en lugar de la usual estatua de Jesús crucificado. Cuando caminaba hacia el puente del río Yayabo se me informó sobre el mito

de que estaba hecho con un ingrediente importante, leche de vaca, para hume-
decer la mezcla de lima y sal y que no contenía cemento. Pasamos una oficina de
leyes cubana, Servicios Legales (es bueno saber que hubiera tenido trabajo aquí).
También pasamos una placa en la pared dedicada a uno de los poetas cubanos
más conocidos, Nicolás Guillén.

Pasamos la tarde en la Plaza del Carmen y visitamos una exposición de arte
de Martha Jiménez, conocida por su famosa escultura de bronce Las Chismosas.
La tarde termina con un tour de la iglesia de la Candelaria. Nos detenemos por
unas bebidas frías, cervezas cubanas conocidas como Cristal y un café con leche
para reanimarnos en el Café de la Ciudad antes de caminar por una calle peatonal
comercial atiborrada de varios tipos de tiendas con reliquias a la venta.

Nuestro camino rumbo a Sancti Spíritus fue un trayecto muy lento y lleno
de baches, las calles están bordeadas con grandes árboles de palmas magnánimas
tan altas como para la llegada de un rey. El paisaje pintado de verde es tan bello
que parecía un cuadro cuidadosamente pintado que colocarías sobre la chimenea.

La comida fue en Casa Bucanero, un bar de bocadillos y parrilla, justo
en las afueras de la ciudad de Sancti Spíritus. Para comer tuvimos unos grandes
sándwiches cubanos llamados medianoches, que son hechos con un pan suave,
pastoso y dulce con jamón, puerco, queso y pepinillos. Después de la comida, que
fue buena pero pesada, nos dirigimos a nuestro tour de la ciudad de Sancti Spíritus.

La plaza de Serafín Sánchez, también llamada plaza principal, está adornada con hermosos edificios coloniales bellamente pintados, separados por líneas
perfectamente trazadas, como si trataran de rellenar de color dentro de los bordes
en un cuaderno para colorear. Las calles concurridas y bulliciosas con cubanos
esparcidos por doquier en una típica mañana de lunes.

La plaza

Nuestra última parada es una visita a la hermosa Iglesia Parroquial Mayor, que se encuentra junto a una torre alta de reloj que se alza a varios pisos sobre la ciudad de Sancti Spíritus. Una vez en la cima disfrutamos de hermosas vistas de la ciudad bajo nosotros, atestiguando la vida diaria. Desde esas alturas no podemos escuchar el jaleo y ajetreo del bullicio de la ciudad. No hay ningún sonido a excepción del viento suave soplando a través de las ventanas abiertas de la torre y las ocasionales resonancias de las campanas.

Torre del Campanario, Camagüey

Sobre el muro un letrero descolorido dice "toca la campana para la buena suerte". ¿Cómo puedo ignorar la cuerda gruesa y raída que está conectada a las enormes y antiguas campanas de bronce? Las campanas tienen aproximadamente tres pies de alto y son muy pesadas. ¡Pero estoy decidido a jalar de la cuerda para la buena suerte! Envuelvo la sucia cuerda alrededor de mi antebrazo derecho, tomo mi brazo izquierdo y lo extiendo sobre el derecho tan alto como me es posible y tiro tan fuerte como puedo. Repito este movimiento varias veces hasta que un toque pacífico se escucha a través de la ciudad para el disfrute de la gente. Mientras sonó, lentamente apareció una sonrisa en mi rostro trayendo felicidad junto con la buena fortuna en mi futuro.

Nos dirigimos a Trinidad. Esta original ciudad tiene sus calles adoquinadas con piedras de río y está decorada con casas en colores pastel. Los niños ocupan las calles, juegan al futbol soccer sin zapatos, sus pies descalzos corren por los empedrados como si se tratara de suave arena en la playa. Al llegar, un tostado atardecer anaranjado cubre la ciudad, los locales se preparan para cenar y tomar cocteles, se juntan en los pórticos esperando tener conversaciones casuales con vecinos y amigos.

Esta será nuestra primera noche en una casa particular. Esto es común en la isla. Es una excelente manera de generar ingresos para los locales y para nosotros poder ahorrar dinero y experimentar cómo viven. Parecido a las rentas de casas hoy en día. Los hoteles están reservados con un año de anticipación y las casas particulares para estancias cortas son comunes, especialmente para la tan popular ciudad de Trinidad.

La mayoría de los turistas vienen de Canadá y Estados Unidos y grupos pequeños de Europa. Mientras caminamos hacia la casa de nuestro anfitrión advierto que las casas son modestas y necesitan reparaciones, aun así, están bellamente pintadas en tonos pastel.

Nerva y Carlos nos reciben en la puerta y nos dan la bienvenida a su hogar. Estoy ansioso por tener esta experiencia, poder ver de primera mano cómo viven los cubanos. Su casa es más grande de lo que esperaba. La puerta principal, a solo tres pasos de la calle lleva a una sala de estar angosta. Su hijo está sentado en un amplio sofá cubierto con plástico y viendo una televisión bastante grande -una característica común de las comunidades latinas.

Andamos un largo tramo de escaleras con peldaños angostos que crujen a cada paso, llevan a un segundo piso y luego bajamos por un salón que conduce a una habitación con dos camas y un baño completo. La colcha es de un material muy ligero con estampado floral. Antiguas fotografías familiares decoran los muros. El baño es pequeño, decorado con azulejos en color rosa Pepto Bismol. Una configuración básica, pero que parece más adecuada y agradable de lo que había previsto a juzgar por la condición del exterior de la casa. Nerva y Carlos son extremadamente acogedores, abrieron toda su casa para nosotros y otros huéspedes que se hospedan aquí, la casa tiene un porche de dos niveles desde donde se ve la calle turística abajo. Al acercarme al balcón para dar un vistazo a la ciudad noto más automóviles de estilo antiguo dando vueltas, peatones y motos. Los turistas recorren las calles, admirando los detalles únicos de este precioso pueblo.

No puedo superar la belleza de los autos antiguos. Vienen en todas formas y tamaños con solo dos cosas en común: fueron construidos en los años cincuenta o antes y aún andan. Se ha vuelto un reto fotografiar estas obras de arte atemporales frente a los coloridos edificios que van acorde pintados en colores distintivos, para poder capturar la esencia de la ciudad.

Cenamos en un restaurante muy particular que anteriormente era una casa. Mantienen el mobiliario en su lugar y las mesas están a su alrededor. Están colocadas frente a camas, armarios y estantes entre otros. Las camas están cubiertas de botellas de vino para ser seleccionadas.

Después de la cena Jim y yo paramos en Terraza (un bar con terraza) por una copa nocturna y cada uno toma una canchanchara, una bebida hecha a base de agua, ron, miel y jugo de lima. Una experiencia nueva para mí. Esta es una bebida típica de esta región. ¿Cómo podría pasarlo por alto? Fue simplemente deliciosa.

Martes 15 de Noviembre, 2016 - Cienfuegos/Varadero:

Visitas: Proyecto Aldaba. Tour de la ciudad de Cienfuegos, Parque Martí, Teatro Terry, Prado. Comida en el Club Cienfuegos.

Cienfuegos es un pueblo pequeño conocido por su plaza principal rodeada por edificios coloniales bien conservados. Las plazas principales de estos pequeños pueblos son donde los locales se reúnen para compartir una bebida y fumar, y donde las familias llevan a sus hijos a jugar. Algunos niños vuelan pequeñas cometas de distintas formas, incluidas formas de animales. Los adolescentes revolotean en las mismas áreas por el wi fi gratuito.

Cienfuegos es también famoso por su acceso a la bahía y su precioso teatro bien conservado que hasta ahora sigue en uso, el Teatro Terry. Lleva ese nombre en honor a Terry Thompson, un prominente hombre de negocios cuya fortuna creció hasta llegar a ser la más grande del mundo con un valor neto de veinticinco millones en 1886. El teatro en forma de herradura se parece a un coliseo. Escaleras adornan el lugar por ambos costados y el edificio tiene cuatro pisos de espectadores de frente al escenario. Telones de terciopelo rojo exponen el escenario negro brillante. Los detalles majestuosos son gratificantes de capturar y admirar. Los techos están cubiertos de arte estilo Barroco que deberían estar en el museo de Louvre de París. Es un pequeño pueblo pintoresco con mucho que ofrecer a simple vista.

Playa Varadero

Miércoles 16 de Noviembre, 2016 - Varadero/La Habana:

Visitas: Pasar la mañana en Varadero. Tour por la ciudad de la vieja Habana.

Mientras crecía constantemente escuchaba decir a mi madre "Varadero es la playa más bella del mundo." La anticipación por conocer Varadero me emocionaba y probablemente se trataba de la segunda parada más importante para mí. Al llegar a la playa se ven mensajes en la arena escritos por amantes la noche anterior, dibujados con una rama de árbol sus nombres dentro de un gran contorno en forma de corazón que se borra lentamente por las olas del mar estruendoso que retrocede, como un borrador en el pizarrón.

Arena de Varadero

En cualquier otro lugar de la playa se ven las marcas en forma de puntos por el golpeteo de la lluvia matutina. Mientras camino descalzo a lo largo de la playa siento inmediatamente el terciopelo suave, caramelizado y sin conchas de la arena que es tan suave como la harina, justo como lo describió mi madre. Con mi dedo escribo un mensaje en la arena "Cuba, tus hijos lloran."

El agua es de un color azul aguamarina penetrante, como si estuviera pintada recientemente con brochazos de acuarelas brillantes, transparente como el cristal. Lentamente, la silenciosa playa se llena de gente con visitantes de todo el mundo. Lo que una vez fue una playa para los cubanos, Varadero, es ahora un escape de verano para los extranjeros.

Por algunos momentos, mientras admiraba la belleza de Varadero, miraba al océano tan lejos como mi vista lo permitía; me transporté a mí mismo a 1958, cuando mi madre y mi padre hubiesen quizás caminado esta misma playa y nadado en este mismo mar. Desconocían entonces, que tomaría años antes de que pudieran ser capaces de experimentar estas emociones a través de mí mientras trataba de capturar y asegurar estos momentos con el lente de la cámara. Después de muchos años de historias y relatos sobre Varadero, pude por fin confirmar que Varadero es la playa más bella del mundo.

Playa Varadero

Necesitaba un momento de reflexión para pensar y absorber el viaje hasta ahora y apreciar la oportunidad que se me había dado. Comencé mi viaje por Cuba desde la punta más al Este de la isla a propósito, avanzando hacia la Habana, el evento principal. Necesitaba una oportunidad para recolectar mis pensamientos antes del impacto emocional que La Habana tendría sobre mí.

Así pues, hasta ahora, estar expuesto a mi cultura y conectar con la gente cubana había sido edificante y vigorizante. Mis viajes a través de la isla, aun antes de poner pie en el sitio donde mis padres crecieron, habían sido inspiradores y fascinantes. Sentí un orgullo aún mayor por mi herencia como nunca antes. Comienzo a entender el significado de ser cubano, el valor y fuerza que va de la mano con decir "soy cubano". Mis padres son cubanos y me siento orgulloso de ello.

Después de un día en el paraíso continuamos el camino rumbo a la Habana. Este viaje ha sido iluminador. Conocer íntimamente a la gente de Cuba, su cultura y su comida. Cada paso a lo largo del camino ha sido educativo desde un punto de vista turístico, pero aún más importante desde el punto de vista de un hijo de padres refugiados de este país. Este viaje me ha dado una apreciación profunda por su gente, mi gente. Nunca antes había estado tan preparado, ansioso y listo para llegar a La Habana.

Hay que recorrer un camino de dos horas para llegar a nuestro hotel en La Habana que se encuentra justo en el centro de la ciudad. Esta es la parada más esencial del viaje. La Habana es donde toda mi historia familiar comienza.

Tras entrar a la ciudad uno se da cuenta de inmediato de su belleza y diseños arquitectónicos. Tus ojos te juegan trucos. La hermosa arquitectura es asombrosa, pero una vez que tu mirada se posa sobre los detalles de los edificios se percibe el deterioro. La tristeza te invade cuando tu mente se desvía hacia aquellos tiempos en que Cuba era un destino especial para todo el mundo. En especial para el Hollywood de antaño.

Horizonte de La Habana

La pintura descascarada lastima el corazón. Esto no parece molestar a los cubanos. Me pregunto por qué y la única respuesta que se me ocurre es que están acostumbrados a ello. Están habituados a lo básico. Se vive para sobrevivir y se sobrevive para vivir. La lucha por trabajar y hacer algunas ganancias es el centro del universo. La arquitectura en decadencia a lo largo de la isla no es una prioridad.

Cuando llegamos, la ciudad estaba en un ánimo festivo, ya que La Habana se preparaba para celebrar su aniversario número 497.

Los músicos inundan las calles tocando música latina como en ningún otro lugar de la isla, llevan recipientes grandes para las propinas. La Habana se conoce como la ciudad de las fiestas, así que la esencia de la música cubana es lo que más predomina. Debido a que es el punto turístico más popular, ya sea por crucero o por avión, aquí se encuentran más locales ejecutando su música a cambio de propinas.

Uno de los aspectos más distintivos de La Habana que pude notar casi de inmediato es la música. La música cubana es el único tipo de música que se escucha. El anochecer cae sobre las calles llenas de peatones, bañando de luz anaranjada quemada sobre la vieja Habana como una lata de pintura vertida cuidadosamente sobre un lienzo. El sol se pone y se esconde. Puedes empezar a ver a los músicos emerger, de todas las edades, listos para tocar un instrumento o cantar en su segundo o tercer trabajo en alguno de los muchos bares y cafés boutique.

Mientras caminas por angostas calles que conectan hermosas plazas, se escuchan músicos talentosos haciendo demostración de sus magníficas dotes con la más maravillosa facilidad. La música se cuela por los callejones mientras se observan las tiendas de chucherías que también sirven a la par de viviendas para sus propietarios.

El humo de los puros se evapora en el aire sobre los caballeros de edad avanzada, se sientan en sillas mecedoras mientras disfrutan de observar a la gente. Turistas de todo el mundo tratan de capturar el momento con sus teléfonos celulares y cámaras.

Las calles empedradas se llenan de turistas curiosos que hacen compras, platican, caminan y observan todas las cosas cubanas. La música también llena los callejones y tanto los cubanos como los visitantes bailan en las calles. Es justo como me lo describió mi padre: la ciudad más alegre y entretenida de toda la isla. Yo prefiero pensar que no se trata de una coincidencia el hecho de que veo cómo la descripción de La Habana hecha por mi padre cobra vida frente a mis ojos. Elijo pensar que esto es La Habana. Este es mi hogar.

Jueves 17 de Noviembre, 2016 - La Habana:

Visitas: Tour de la ciudad de la Habana moderna, Malecón, 5ta Avenida, Plaza de la Revolución, traslado para el Morro. Visita al Morro-Cabaña. Tarde libre.

Comenzamos nuestro tour de La Habana en un Chevy de 1950 color rosa brillante, manejando por las calles de la ciudad como si se tratara de 1951. Los edificios, las calles, las altas y gruesas palmeras contorneando las calles, todo parece pertenecer a esta época. Nuestro tour en automóvil clásico termina en El Morro, otro sitio emblemático arraigado en mi imaginación a lo largo de mi infancia. Un sitio importante por varias razones. Esta área protege al puerto y ha hecho aparición en numerosas películas. Las imágenes de La Habana son asombrosas desde este punto. El simple pero peculiar contorno de la ciudad se asemeja a un proyecto de lego en 3D separado por el hermoso azul cristalino del Océano Atlántico.

Hoy comenzamos la aventura de la historia de la familia Iglesias. Mis dos amigos están tan entusiasmados como yo por saber de dónde vengo. Ambos tienen interés en la historia, han conocido a mis padres y han escuchado todo sobre los ires y venires a los que se ha enfrentado mi familia. ¿Más allá de la historia de la familia de Otto esto también es historia, verdad?

¿Primera parada? La academia de música en donde mi madre tomó lecciones de piano. Aunque mi madre aprendió a tocar de mi abuela llegó un momento en el que se requirió un mayor nivel de enseñanza de piano y mi madre hizo audición para ser aceptada en esta academia. No hay mucho que esperar aparte de encontrar un edificio de ladrillo y cemento, tomar algunas fotografías del exterior y continuar.

Yo en la academia de música de mi madre en La Habana, Cuba

Sin embargo y para mi sorpresa mi maravilloso guía de turistas Félix, tuvo la iniciativa de preguntarle a alguien que entraba al edificio si este era anteriormente un conservatorio de música. El hombre responde que así fue en el pasado. Félix entonces pregunta si puedo pasar a echar un vistazo.

De repente el ladrillo y el cemento se vuelven una conexión emocional con mi madre. Mi corazón comienza a latir con rapidez y me encuentro un poco nervioso, no estoy seguro del motivo. ¿Es porque estoy entrando a la casa de un extraño?, ¿es porque estoy echando un vistazo a la vida de mi madre?, ¿es porque estoy descubriendo la historia familiar sin ella? o ¿se trata de una emoción porque es la primera parte de la íntima historia familiar que estoy experimentando? Probablemente todas las anteriores.

Qué euforia es caminar la escalera de mármol que mi madre caminó muchas veces para tomar sus lecciones de piano, conduce a un gran salón sin muros divisorios. La habitación es oscura, está en mal estado, pero para mí es como si se tratara de los años cincuenta. El papel tapiz de terciopelo arrugado colgando de hilos cubre algunos de los muros. El techo cubierto de agujeros provee de algo luz de día y las puertas francesas con vista a Reina (la calle de abajo) se encuentran abiertos, proyectando una luz sobre el piano negro dilapidado acomodado en una esquina.

Camino enérgicamente con dirección al piano. Lo observo durante lo que parecen horas hasta que me doy la vuelta, me dirijo al caballero de edad avanzada y le pregunto si este piano pertenecía originalmente al conservatorio. Me responde con un "Si, así es". Vuelvo a darme la vuelta lentamente e imagino a mi madre tocando y practicando en este mismo piano hace cincuenta años. Este momento es suficiente para que el viaje entero haya valido la pena. De inmediato siento una conexión profunda con mi madre. El camino de mi hermana como principiante a pianista graduada de Juilliard comenzó en este edificio en La Habana, Cuba.

Adentro de la academia de música

Mi abuela materna, Flora y mi hermana Amaryllis tocando el piano

Qué fascinante es que estos edificios viejos y decrépitos se vuelvan más significativos cuando caminas tras los pasos de aquellos que estuvieron antes que tú, se puede sentir una conexión más profunda con una persona tras exponerte a ti mismo, colocarte en sus zapatos y entrar, andar tras sus huellas y permitir que las historias contenidas en esos muros cobren vida a través de historias simples contadas en tu niñez.

Siguiente parada, un parque peatonal donde mis padres comenzaron su relación, Parque Mariana Grajales. Recuerda que estos sitios familiares específicos fueron ubicados basándome en notas escritas, detalladas por mis padres antes de partir. Notas tomadas de recuerdos de más de cincuenta años de antigüedad. Después de la revolución los nombres de las calles fueron cambiadas de nombres a números, así que a veces encontrar las locaciones representaba un reto. Sin embargo, basándome en la información proporcionada por mi padre, ubicamos la banca exacta (aunque la original ha sido reemplazada) donde cortejó a mi madre antes de irse a España cuando subsecuentemente fueron separados por todo un año.

Me imagino a un Lázaro muy joven, tan nervioso como era posible, preparándose mentalmente para impresionar a mi madre. Su cabello peinado relamido hacia atrás, dejando un rastro de su colonia a cada paso que daba. En lo profundo de su bolsillo hay una pequeña caja conteniendo un simple pero hermoso anillo de promesa que mi madre aun lleva puesto hasta estos días.

El parque es una plaza grande con una acera que recorre su periferia y pasa a través de él. Hay algunos árboles esparcidos alrededor. Detrás del parque, calle abajo está uno de los colegios a los que asistió mi madre, en esa época la escuela para secretarias era una opción. Con el talento en el piano de mi madre, la mecanografía sería muy fácil. A pesar de que ser concertista de piano sería su primera elección de carrera, las posibilidades de llevar una vida decente eran muy pocas, así que convertirse en secretaria era su plan de respaldo.

Me tomo un momento para imaginarme a una joven Amaryllis (mi madre) y un joven Lázaro (mi padre), caminando a través de aquel parque hace ya tantos años. Es una tarde muy emotiva.

Viajar a través de Cuba y aprender sobre su gente y cultura ha sido emocionante. Ha llegado el punto culminante del viaje en donde aprendo específicamente sobre la historia de mi familia. Hoy es uno de esos días en que se puede sentir la tensión en los hombros y la cabeza, empiezo a desarrollar una ligera jaqueca. Necesito un minuto. Terminamos el almuerzo en un pequeño y elegante restaurante llamado VIP Habana. El tipo de lugar que tiene manteles de lino blanco y vasos de cristal sobre la mesa.

Llegamos temprano para el almuerzo, alrededor de las 11:00 am, así que tenemos el pintoresco lugarcito para nosotros solos, lo cual es un agradable cambio en el ritmo, especialmente el día de hoy. La comida y el servicio son excepcionales. Asumo que debido a los precios de la carta el lugar no es tan concurrido. Este restaurante boutique está definitivamente más dirigido al turismo que a los locales.

Después del almuerzo manejamos al vecindario de mis padres e intentamos localizar sus casas. Sé que este es el vecindario correcto, pero los domicilios exactos son difíciles de encontrar debido a cómo están ahora enumeradas las calles. Pasamos varias horas deambulando por las calles, fotografiando casas y hablando con los locales para saber si sabrían algo de hace cincuenta años antes.

A pesar de que mis amigos no hablan español, una está tratando de descifrar el mapa dibujado por mis padres mientras el otro está con nuestro guía Félix tratando de entender el trazo de la zona. Uno de los objetivos del partido comunista era quitarle a quienes tenían y darle a quienes no tenían o eso es lo que proclamaban. Aquellos que ahora residían en las casas fueron los que se "beneficiaron" de la revolución y fueron reubicados a estas casas, así que no tenían información para nosotros o ningún recuerdo de cómo se llamaban estas calles. Sin embargo, eran corteses y hacían un esfuerzo por ayudarnos.

Antes de irme noto a la distancia un edificio que creo se trata de la escuela secundaria de mi padre, Belén. No se nos permite acercarnos a la escuela pues la policía militar cubana se pasea alrededor del edificio y solamente la policía o aquellos con algún asunto oficial tienen permitido acercarse, probablemente debido a alguna información sensible de carácter gubernamental.

Lo compararía con estar cerca del Pentágono en Washington D.C. Me es algo atemorizante, porque aún puedo escuchar ligeramente en el fondo de mi cabeza a mis padres advirtiéndome de ser cuidadoso en Cuba. Por precaución observo a la distancia y me apresuro a seguir.

Describir la montaña rusa emocional que este día ha representado para mí es difícil, como armar un rompecabezas. Toma días, semanas, quizá incluso años, dependiendo de la complejidad del rompecabezas, trabajando esporádicamente en él, y al llegar al final notar que algunas piezas se encuentran faltantes. Se puede reconocer la imagen, o discernir algo de ella, pero las piezas que no están harían del rompecabezas una obra completa y perfecta.

Caminar por las mismas calles que caminaron mis padres hace más de cincuenta años y encontrarme con estos sitios hermosos y complejos con las mínimas indicaciones, sin haber estado nunca antes ahí, fue al tiempo emocionante y satisfactorio. Se trata de algunas de las piezas faltantes del rompecabezas de mi familia. La emoción y la satisfacción de hacer estas difíciles conexiones es más que gratificante e invaluable.

Nuestra siguiente parada y una de las más importantes es el edificio del Capitolio. Aquí se encuentra otra de las anécdotas de la familia Iglesias. De acuerdo a mi padre, el terreno en donde se encuentra el Capitolio, así como el parque cuidadosamente mantenido a su lado pertenecía a la de la familia del lado de mi padre, mi tatarabuelo paterno para ser exactos, antes de la revolución.

En años recientes mi padre ha buscado la documentación necesaria para reclamar esta propiedad en caso de que Cuba sea liberada y el comunismo erradicado del país. Mi padre ha contactado con abogados tanto en Cuba como en Miami para obtener los documentos probatorios de que el terreno le pertenece a nuestra familia. Una investigación delicada y exhaustiva se está llevando a cabo como preparativo para el momento adecuado y se consiga, por si acaso, la libertad en Cuba.

Mi padre describía el edificio del Capitolio como uno de los más hermosos en el mundo. No hay palabras para expresar mi deseo de ver este edificio y los terrenos en donde se encuentra, los cuales nos pertenecen. El edificio es reconocible de inmediato. El hermoso domo redondo es prominente y se encuentra al centro de un gran pedestal rectangular que está redondeado a cada costado. El domo se alza alto y es tan blanco como la retumbante cresta de una ola.

A pesar de que el edificio está pasando por renovaciones y cubierto de andamios no se esconde la belleza excepcional de esta construcción masiva, que representa un sitio emblemático de la ciudad de la Habana y de mi vida. Es probablemente uno de los edificios más majestuosos de Cuba y definitivamente uno de los que más ha sido cuidado y conservado en comparación con el resto de las edificaciones que lo rodean, las cuales se encuentran avejentadas y probablemente sean riesgosas debido a su estado actual.

Si puedes ver más allá de las renovaciones que se requieren, la arquitectura cubana es más que hermosa. El único edificio que se mantiene al día, limpio y moderno es el hermoso Capitolio, el cual parece recibir la mayor parte de la atención. En un principio parece un oásis en la mitad del desierto, aun con los andamios obstruyendo la vista.

Frente al Capitolio en Cuba

Me desanima que algunos edificios en Cuba estén claramente cuidados y protegidos. Estos han sido pintados recientemente y sus alrededores se encuentran limpios y meticulosamente preservados, mientras que otros bellos edificios con increíble arquitectura están al borde de convertirse en cascajo.

Estás viendo el maravilloso edificio del capitolio, con su magnífica presencia y belleza, después volteas al otro lado de la calle y directamente frente al capitolio hay un edificio abandonado que ocupa la totalidad restante de una de las manzanas de la ciudad con sus cuatro pisos con ventanas entabladas y sus escaparates vacíos. Si miras de cerca los detalles, puedes apreciar lo que hubo en un pasado.

Desafortunadamente el gobierno ha permitido que muchos de estos preciosos edificios de hermosos detalles intrincados caigan en deterioro. Me duele en lo profundo pues se puede ver el potencial de belleza que esta área importante de La Habana tiene. Se puede imaginar la ostentación, el glamour y el prestigio que Cuba tenía antaño.

En general Cuba trata de ocultar la pobreza de la isla a los turistas. Especialmente en La Habana. En las ciudades principales la gente local usa el primer piso de sus departamentos como talleres de artesanía y consiguen generar más dinero atrayendo turistas. Sin embargo, esto no significa que tengan un mayor acceso a comida y otros productos, al menos no en el mercado abierto. Toda la comida para los locales está regulada y medida: un galón de leche semanalmente, por ejemplo. Quizás puedan negociar con otros si cuentan con el dinero para hacerlo y estas tiendas artesanales les brindan esa oportunidad.

Para recapitular este día tan emotivo celebramos con bebidas en la Bodeguita del Medio, después en la terraza de Ambos Mundos y finalmente en La Floridita. Estos fueron también lugares donde Ernest Hemingway pasó su tiempo al lado de la comunidad cubana. Antes de comprar su inmueble en Cuba, Hemingway alquiló una habitación en Ambos Mundos y solía frecuentar La Bodeguita del Medio, el lugar de nacimiento del famoso mojito, así como La Floridita, la cuna del daiquirí.

Caminamos rumbo a plaza vieja por última vez para tomar algunos cocteles más y terminar con aperitivos, que consistían en empanadas y papas rellenas, en La Vitrola, el restaurante donde Madonna celebró su cumpleaños número cincuenta y ocho un par de meses antes. La cena consistió en pizza y el día terminó con una caminata de regreso a nuestro hotel vía Obispo hacia La Plaza Central y el Malecón.

Sentados en el malecón

Viernes 18 de Noviembre, 2016 - Pinar del Río y La Habana:

Visitas: Viñales. Tour de la ciudad, Museo Municipal, Proyecto Comunitario. Las Terrazas, Tour panorámico, visita al Café de María. Cena y espectáculo en el Club Tropicana.

El día de hoy nos aventuramos en una excursión de un día rumbo a Pinar del Río, que se encuentra a dos horas desde la Habana. Aquí es donde nació mi madre y donde permaneció hasta la edad de tres años cuando se trasladó con mis abuelos maternos a la Habana. Probablemente vi más de este pequeño pueblo de lo que mi madre recuerda, ya que se fue en su infancia temprana.

En la plaza de Pinar del Río

Describiría Pinar del Río como un pueblo tranquilo y pequeño conocido por sus columnas. La mayoría de los edificios llevan columnas altas y cilíndricas en colores pastel. Aquí es donde se cultiva el tabaco para esos puros de fama mundial marca Cohiba. Las hojas del tabaco son grandes, de color verde bosque, tienen una forma ovalada con líneas venosas prominentes al centro y líneas de venas más pequeñas que parten de la mitad. Las hojas son cosechadas a mano y apiladas ordenadamente, eventualmente se colocan a secar en graneros bien ventilados. Las hojas de tabaco requieren de clima cálido con un suelo rico y bien drenado.

Pinar del Río

En nuestro camino hacia Pinar del Río nos detenemos en Viñales, un precioso y pequeño pueblo y municipio en el área norte central de Pinar del Río. Viñales tiene el clima y ambiente perfecto para cultivar tabaco, es el lugar de donde vienen las hojas de tabaco cubanas. El pueblo consiste en casas de madera de un solo piso con grandes porches.

Cohibas

Viñales tiene fama de ser una de las más bellas maravillas naturales de Cuba. La vista es espectacular desde la cima de una montaña que está adaptada como un mirador turístico. Cuando tus ojos capturan la vista notarás que el valle está cubierto de hileras de tabaco muy verdes, espesas y afelpadas, campos de cultivo que se alinean con altas y gruesas palmeras que brotan como un árbol de fuegos artificiales. A la distancia, el verde y esponjoso follaje cubre las montañas. Es la maravilla natural de mayor perfección fotográfica que jamás haya visto.

Después de la comida experimentamos el arte de José Fuster. Fuster es un artista, pintor y escultor cubano que se ha dedicado a mejorar algunas zonas, especialmente las casas de locales pobres y de bajos recursos. Comenzó decorando su casa y la de sus vecinos. Su arte consiste en lo que parece ser una caja de crayones con pedacería de azulejos colocados meticulosamente para formar un mural en 3D sobre los muros de la ciudad, de su casa y de las casas de sus vecinos, es decir, le dieron permiso de usarlas como lienzos. El principio detrás de sus obras es hacer que un hogar indeseable y en ruinas sea un poco más atractivo. Las casas se convierten en sus lienzos y él recubre toda la fachada con su arte.

En esencia la casa recibe una remodelación gratuita. Caminando por el área de Jaimanitas en donde se ubica esta especie de galería exterior, se puede ver lo bien que la idea ha funcionado. Las brillantes y coloridas imágenes son cautivadoras. Estas alegres representaciones de su arte son una pequeña aldea.

Más tarde por la noche, luego de ingresar al hotel, mis dos amigos y yo compramos boletos para el mundialmente famoso club Tropicana. Durante años he escuchado a mi padre decir que "el Tropicana es el mejor club del mundo". "No olvides ir al Tropicana".

¿Se nota cuál es el tema recurrente aquí? ¡Todo en Cuba es lo más maravilloso y lo mejor! Hasta ahora puedo decir que estoy de acuerdo con las declaraciones de mis padres.

En preparación para la velada, voy de compras por el atuendo perfecto: una guayabera blanca (una camisa de hombre que se distingue tradicionalmente por tener dos pliegues verticales cosidos a todo lo largo del frente y la espalda y que usualmente se lleva desfajada). No recuerdo cuándo fue la última vez que llevé una puesta. Cuando era niño las camisas de estilo antiguo me parecían poco atractivas y me negaba a usarlas. Recuerdo que mi padre me regaló una cuando era adolescente. Ahora que soy mayor y más sabio, esta camisa, este atuendo tradicional cubano es una conexión directa conmigo y la gente cubana. Más que nunca quiero portarla, es un hermoso símbolo de Cuba.

Con tantas tiendas vendiéndolas, la búsqueda de una guayabera no es algo complicado. Siempre colgadas en ganchos, nunca dobladas y generalmente vienen en colores pastel claros. Las más elegantes están fabricadas en lino. Vienen tanto con mangas largas para una apariencia elegante o con mangas cortas para un look más casual. Encuentro la guayabera perfecta en la tienda de regalos del Hotel Nacional. ¿El color? Elijo el blanco como símbolo de un nuevo comienzo y mi primera vez en Tropicana.

No puedo comenzar la velada sin un sombrero de paja, un básico para un caballero cubano. No dejaré fuera ningún detalle. Hago lo mejor que puedo para canalizar a "el Chary", un apodo que le dio a mi padre su mejor amigo, Lesver de Quirós, un conocido pintor cuando él aún vivía en Cuba. Con tantos hombres llamados Lázaro mi padre fue llamado así una vez y se le quedó. Hoy en día si alguien se refiere a mi padre como "el Chary", él sabe que se trata de alguien de su infancia en Cuba.

Esta es sin duda una de las noches que más he estado esperando. Nuestro taxi, viaje redondo, era un Chevy blanco y negro de los años cuarenta que apareció en la película "Rápido y Furioso 8". El conductor lo llamó "Al Capone". Manejar al Tropicana fue toda una experiencia, principalmente porque yo estaba emocionado por visitar uno de los clubes de los que mi padre me habló tan bien.

Dentro de Al Capone camino al Tropicana

Tropicana es un cabaret bien conocido, yo diría de fama mundial. Se ubica inesperadamente en un vecindario residencial en La Habana, es también único por su escenario bajo las estrellas. El teatro es una pista a cielo abierto llena de mesas y sillas a diferentes niveles, todas frente al escenario. Al mirar hacia arriba desde el asiento, se puede ver un pictórico cielo azul oscuro con brillantes estrellas parpadeando.

Como nota aparte, a pesar del nombre Tropicana Night Club, no se trata de un club nocturno, en el sentido tradicional de la palabra, en donde la gente se congrega a beber bebidas alcohólicas y bailan los unos con los otros. El Tropicana en La Habana es un teatro estilo Las Vegas a donde uno va a ser entretenido por bailarines y cantantes.

La cena está incluida con las entradas al espectáculo. Llegamos temprano al lugar de colores neón. No puedes dejar de ver la característica estatua blanca de una bailarina, la cual yergue alta sobre sus las puntas de sus pies con la cabeza ligeramente inclinada a un lado y sus brazos abiertos. El bar al lado de la arena se conoce con el nombre de "Rodney". Como llegamos temprano decidimos tomar algunos cocteles. De ahí procedemos a cenar al lado, adjunto está el bar pero con una entrada separada.

Bailarina del Tropicana

Después de la cena nos dirigimos al "Teatro bajo las estrellas" que contiene mil cuatrocientas sillas. El ambiente es muy tropical, con un aire cálido que llena el club nocturno. Este particular lugar usa la expresión club nocturno para describirse a sí mismo, principalmente porque provee de entretenimiento musical y sirve bebidas alcohólicas. Toma un teatro de Broadway, remueve el techo y te encuentras bajo las estrellas para disfrutar del magnífico espectáculo.

Somos escoltados a nuestra mesa, justo al lado del escenario decorado con lino negro y ron cubano con agitadores. Pequeños platos redondos contienen una variedad de maníes. Laurin también está emocionada de estar ahí, lleva su vestido blanco vaporoso y cuando me doy la vuelta para comentar sobre el escenario veo que lleva en su boca la rosa que recién le dieron. Nos reímos. Jim estaba igualmente ansioso de ver el espectáculo, nos sirvió un coctel y brindó por el maravilloso viaje que hemos tenido.

El cabaret de estilo cubano consiste en cientos de bailarines vestidos con excesivos atuendos coloridos, como las chicas de cabaret de Las Vegas de antaño. Durante las siguientes dos horas mis ojos y mis oídos son expuestos a la música y danza de la cultura cubana. Los músicos son extraordinariamente talentosos, probablemente los mejores de Cuba, quizás incluso los mejores del mundo. Las voces de los cantantes principales son asombrosas, emulando al orgullo y dicha cubana Celia Cruz.

El enérgico espectáculo está lleno de coreografías cuidadosamente planeadas, muchos cambios de vestuario y una increíble música cubana. No soy un diestro bailarín de ninguna manera, pero de niños se nos expuso a la música cubana, los ritmos cubanos y las danzas cubanas. Es necesario tener talento para ese sofisticado movimiento de pies. Mi hermana lo asimiló mucho mejor yo. Pero no hay que confundirse, tengo ritmo, ritmo cubano y puedo mover mis pies con gran velocidad y siguiendo correctamente el compás. La iluminación cambia constantemente, enriqueciendo el número musical de ese momento. La talentosa banda le sigue el paso a los continuos y rigurosos números de baile. Las hermosas mujeres se mueven con gracia alrededor del escenario.

¡Mi emoción es inimaginable! Aquí estoy, ocupándome de mis propios asuntos, sonrisa de oreja a oreja mientras disfruto del espectáculo, mi cabeza sacudiendo al ritmo de la música, mis pies golpeteando, mi cuerpo meciéndose de un lado a otro, cuando de repente siento un golpecito en el hombro. Me doy la vuelta, esperando ver a uno de mis amigos, pero para mi sorpresa se trata de una de las bailarinas que me está invitando a unirme a ella en el escenario. ¡Soy la persona afortunada que acompañará a esta bailarina del Tropicana en el número final!

Dichoso y emocionado salto de mi asiento y dejo que tome mi mano mientras me guía hacia el escenario. Siento la energía cubana crecer en mi interior y me dejo llevar, bailando salsa frente a aproximadamente mil cuatrocientas personas de todo el mundo. Mis pies se mueven como hubiera deseado que lo hicieran toda mi vida, imitando a los pies de mi padre cuando solía bailar con mi hermana en años pasados. Me imagino a mi padre en la audiencia, estando tan orgulloso de este momento y me siento afortunado. Pero finalmente, este será un vivo recuerdo cubano propio que tendré que compartir con él. Justo como mi padre lo dijo, el espectáculo fue fenomenal, la música era animada y alegre, el escenario contaba con varios niveles que se extendían a cada lado y los bailarines con vestuarios reveladores se movían con gracia.

En el escenario del Tropicana

Dos días después, tras mi llegada a Miami corro hacia el automóvil y le cuento emocionadamente a mi padre sobre esa noche y cómo lo canalice a él durante toda la velada.

Me sonríe y me dice "cuéntame, quiero escucharlo todo. ¡Yo nunca he ido!"

¡¿Qué?! Me había descrito el Tropicana con detalles explícitos que yo confirmé personalmente.

Después de indagar un poco más, me dijo "había que tener veintiún años para ingresar, así que yo nunca vi el espectáculo. Sin embargo, sí frecuenté el Rodney varias veces, en donde pasé algunos de mis ratos libres con los miembros de la banda y los bailarines.

Qué momento tan surrealista experimenté el club nocturno de La Habana, un lugar clave para los locales de ese entonces, antes de que mis padres pudieran. Mi padre y yo comenzamos a reír. No hace falta decir que es mi misión asegurarme de que vayamos al espectáculo del Tropicana juntos en nuestro viaje.

Sábado 19 de Noviembre, 2016 - La Habana:

Visitas: La casa de Ernest Hemingway, visita a Proyecto Kcho, comida en El Jardín de los Milagros. Tarde libre.

Es nuestro último día completo en Cuba. Qué triste es escribir esas palabras. El último día por ahora, suena menos duro. Es difícil creer que ya han pasado once días de esta mágica experiencia.

El desayuno que se trataba de una especie de buffet en el sótano de nuestro hotel se asemejaba a un tradicional desayuno americano: huevos, tostadas, panqueques y una variedad de frutas tropicales. Esparcidos entre estos desayunos hay jugos frutales cubanos, café cubano y pastelillos.

Como tenemos algunas horas extras hacemos algunos cambios a nuestro itinerario original e incluimos un tour por la casa de Ernest Hemingway -un complejo pequeño con maravillosas vistas, ubicada exactamente a diez millas al este de La Habana. Es un hermoso escondite metido en la ciudad. La casa se encuentra al final de una tortuosa carretera. Altos árboles y arbustos aíslan la casa de la transitada calle y más palmeras de estatura alta se encuentran dispersas por la propiedad. El paisaje se mantiene impecable. Aunque no se permite entrar, se puede recorrer el perímetro y mirar dentro de la casa a través de las ventanas abiertas.

Luego de nuestra experiencia Hemingway vemos las obras de Alexis Leyva Machado, también conocido como Kcho, un artista cubano contemporáneo que obtuvo el apoyo de Google para desarrollar y ayudar a niños a tener acceso a libros y computadoras y darles un avance educativo. Me gusta algo de su trabajo abstracto. Algunas de sus piezas están cargadas con mensajes políticos, pero más allá del mensaje se puede apreciar un verdadero talento. Usualmente utiliza diferentes materiales para hacer sus pinturas, desde botellas recicladas y tablas de madera antiguas hasta óleos y lápiz. También construye grandes instalaciones donde hay que pasar varios minutos para entender la pieza en su totalidad. Definitivamente se trata de un artista que invita a la reflexión.

Antes de la comida visitamos el Cementerio de Colón, en donde algunos parientes del lado de mi padre se encuentran enterrados. Cuando mi padre dejó Cuba, creyendo en el fondo de su corazón que regresaría luego de uno o dos años, dejó atrás a sus abuelos quienes lo criaron. Recuerda vivamente haberles dicho adiós a la distancia una última vez antes de abordar su avión. Nunca volvió a verlos.

La última casa donde residió mi padre antes de dejar Cuba por última vez
y en donde vivió con sus abuelos maternos.

Encontrar sus lápidas será una tarea difícil. Me encantaría traerle de vuelta este recuerdo, mostrándole en donde estaban ubicados y que el gobierno no apiló los cuerpos juntos en una tumba, como decía el rumor. Visitar este cementerio es una manera en que mi padre pueda tener un cierre.

Laurin, Jim, Félix y yo leemos cientos de nombres sobre las lápidas, caminando por angostas banquetas apenas pavimentadas, a veces entrecerrando los ojos para poder descifrar los nombres de las tumbas derruidas. Incluso froto mis dedos sobre los nombres para ver si consigo saber que dicen. Después de varias horas, finalmente me doy por vencido.

Me dicen que después de un periodo de cinco años los restos de los individuos son recolectados y reubicados, puestos en una especie de mausoleo más pequeño dentro de la bóveda funeraria principal. Traje un mapa de regreso para mostrarle a mi padre, para ver si esto le refrescaría la memoria. Lo estudió cuidadosamente, analizando cada pulgada y finalmente señaló una zona. Una zona que yo mismo revisé específicamente siguiendo sus instrucciones originales, pero ningún nombre fue encontrado. Es difícil recuperar información de recuerdos de más de cincuenta años.

El jardinero me indica que necesitaría el nombre de la persona y su fecha de defunción para poder hacer la búsqueda de información (Cuba no está totalmente computarizada aún) para dar con su ubicación exacta. Desafortunadamente no he traído esta información conmigo. Este proyecto tendrá que esperar hasta mi próxima visita a La Habana.

Esta noche tendremos una última caminata por las hermosas calles de La Habana y la Habana Vieja para que yo pueda dar cierre a este capítulo y apreciar la oportunidad que he tenido. Revisitamos algunas de nuestras manzanas y plazas favoritas de la vieja habana y terminamos con un helado en Coppelia.

Coppelia es una cadena de heladerías fundada en Cuba en 1966, la arquitectura del edificio aún parece de esa época. Uno de sus atributos más notorios son las dos filas que se forman, una para la gente local, que es larga y se repliega contra el edificio y una para turistas. De hecho, en la fila para turistas no es necesario esperar, simplemente caminas directo a la ventana y ordenas. Mientras camino frente a la larga línea de gente local recuerdo que este no es mi hogar, a pesar de que me he sentido como en casa por once días.

El edificio parece una nave espacial que aterrizó y comenzó a servir helado. Hay una cubierta grande circular que te permite disfrutar del postre afuera y alejarte del fuerte calor cubano, que a veces alcanza los 105 grados Fahrenheit. El helado es una mezcla entre el helado regular de los Estados Unidos y el gelato.

Algunos sabores venían en colores pastel brillante colocados sobre tazones metálicos antiguos o contenedores para llevar. A pesar de que anuncian veinticinco variedades de sabores distintos a veces sólo sirven dos opciones, y aun así la línea es igual de larga.

Desafortunadamente tuvimos que retirarnos temprano para empacar nuestras cosas y alistarnos para el medio maratón que teníamos programado al día siguiente. Fue un momento agridulce pero al menos pude correr por el malecón, una explanada que recorre aproximadamente cinco millas frente al océano cubano. Este es el mismo malecón donde mis padres pasaron su tiempo charlando con amigos, donde los amantes se toman de la mano, comparten un beso y observan al infinito océano. El mismo océano que sirve de puente entre la libertad y el cementerio para tantos cubanos que buscan encontrar libertad e independencia, tratando de escapar en balsas hechas a mano a través de aguas infestadas de tiburones.

Domingo 20 de Noviembre, 2016 -
La Habana, el maratón, regreso a casa en Miami.

Visitas: Maratón a través de La Habana. Vuelo a Miami desde Santa Clara.

Hoy, Lauirin Jim y yo corremos nuestro medio maratón (trece millas) a través de La Habana. Este es el motivo por el cual la gente ingresaba a Cuba, después de todo. El maratón comenzó y terminó en la "propiedad familiar" conocida como El Capitolio, pasando por todo el malecón. Qué maravillosa manera de terminar un fascinante y emotivo viaje a Cuba. Me ayuda a terminar esta oportunidad mientras tomo el aire fresco del Atlántico.

La ruta del maratón de trece millas me lleva a través de algunos de los sitios emblemáticos de los Iglesias, sirviendo como una gran recapitulación y despedida final.

Mientras miles de personas trotan conmigo, soy mentalmente capaz de pasar tiempo a solas. A pesar del número de participantes, me siento solo mientras mi mente vaga al pasado de Cuba y los años de adolescencia de mis padres en La Habana. He hecho lo mejor posible para recapturar estas primeras impresiones, imaginando su tiempo de adolescencia en estas mismas áreas y en cómo las cosas han cambiado.

En realidad es probable que no haya cambiado mucho desde que mis padres estuvieron aquí por última vez hace más de cincuenta años y Cuba permanece congelada en el tiempo.

En nuestro viaje de regreso a Santa Clara reflexiono sobre este maravilloso viaje y me siento más conectado a Cuba, más conectado a mi historia familiar y más patriótico respecto a mi cultura cubana. Sin embargo, aún no me siento completo. Decir que he encontrado lo que estaba buscando sería una verdad a medias. Lo que haría este viaje completo sería estar aquí con mis padres, confirmando nuestra historia familiar como yo la he visto. Desafortunadamente aún me faltan piezas del rompecabezas.

UN MOMENTO DE REFLEXIÓN

Martes 24 de Noviembre, 2016.

Al concluir mi primer viaje a Cuba, pasé algunos días en Miami con mis padres para revisar las fotografías y videos que había tomado. Sería lo más cercano a estar con ellos en Cuba. A mi llegada la emoción que sentían no podía ser contenida. Yo estaba inundado de preguntas que no podía responder hasta que ellos preguntaran más. Su júbilo era igualado por mi propia emoción y entusiasmo.

Me presenté frente a ellos con maníes cubanos, un bocadillo tradicional vendido por un vendedor callejero, (el manisero). En cuba comer maníes es una forma simple de pasar el tiempo mientras se espera el transporte público. Los vendedores de maní se encuentran por doquier vendiéndolos en cucuruchos de papel. Aparentemente se siguen envolviendo de la misma manera que cuando mis padres eran niños. También compré algunos dulces de estilo antiguo que según dijeron, seguían sabiendo igual.

Hojear a través de las fotografías y videos de mi viaje a Cuba con mi padre es un momento que voy a atesorar por siempre. Me encontraba mostrándoles el país que los abandonó. El país que seguirán añorando cada día. Fue un momento de viejas memorias combinadas con un fresco y nuevo recuerdo de una vieja Cuba aún atrapada en el tiempo.

Tener esta experiencia con mis padres fue tan conmovedor e inspirador que de nuevo comencé mis esfuerzos por viajar a Cuba con ellos. Desde el día uno se negaron convincentemente. Dijeron que jamás regresarían hasta que no dejara de ser comunista y se encontrara libre como cuando se fueron. No podían regresar mientras Castro estuviera en el poder. Tuvimos esta discusión varias veces.

Hay una pieza más en mi rompecabezas y se trata del peregrinaje a cuba en compañía de mis padres. Es la última pieza faltante para completar esta experiencia cultural personal. Desearía que mis padres se dieran cuenta de que ya no se trata de principios, ya no es sobre enfrentarse al comunismo y definitivamente ya no se trata de Castro.

Se trata de nosotros. Se trata de nuestra familia. Nada más, nada menos. Se trata de conectar a los orígenes de quienes somos. Se trata de continuar la historia de la familia Iglesias y no permitir que esa pequeña luz parpadeante se apague. Es sobre nuestra familia cerrando finalmente ese horrible capítulo, dando vuelta a la página hacia un nuevo comienzo, celebrar su resiliencia y permitirme con ello completar el rompecabezas de nuestra historia familiar.

25 de Noviembre, 2016. 7:00 AM - Vuelo a Boston:

Antes de abordar mi vuelo de Miami a Boston, mi padre me abraza y me dice, "¡una vez que Castro muera iremos a Cuba contigo!"

Más tarde ese mismo día a las 10:29 p.m. nuestro viaje familiar a Cuba se volvió una realidad. Fidel Castro había muerto.

25 de noviembre de 2016, a las 10:30 p.m. -Una llamada telefónica a mi padre "Papá, ¡empaca tus maletas, nos vamos a Cuba!" En ese momento no sabía que tardaría dos años antes de que finalmente dijeran que sí.

CASTRO MUERTO

25 de noviembre de 2016, a las 22:29
1926-2016

VOLVERSE UN EXILIADO DE CUBA

Antes de 1959, Cuba era un país libre. Entre 1953 y 1958 hubo intentos de subyugar a Batista y volver a Cuba comunista. Se hicieron promesas a la clase baja de igualar su estatus con la clase media y alta. Se les prometieron espacios para vivir, servicios médicos y comida gratuita. Esto sonaba tentador, una bendición para aquellos acongojados por la pobreza. El comunismo falló durante la era de Batista hasta que el primero de enero de 1959, Batista fue removido de su puesto y el gobierno revolucionario de Castro tomó el poder.

Durante los siguientes años, mientras el nuevo gobierno se instalaba y tomaba posesión sobre Cuba, Castro puso sus ideas en acción. A la gente cubana que no creía en sus métodos comunistas se les dieron dos opciones: mantenerse en la isla y seguir las órdenes del nuevo gobierno o dejar la isla en cierta fecha dejando todo atrás a excepción de la ropa que llevaban puesta, ni fotografías, ni dinero, ni joyas, ni osos de felpa, ni muñecas. Sólo tu persona.

Las posesiones de aquellos que dejaron todo atrás fueron confiscadas por el gobierno y entregadas a Castro, quien tenía control sobre lo que pasaba con ellas. Él puso ciertas cosas a disposición de las clases bajas en condiciones extremadamente limitadas y controladas. Restricciones drásticas fueron puestas sobre las condiciones de vivienda y la distribución de alimentos. Toques de queda fueron obligatorios. Los nombres de las calles fueron cambiados a números, así que quienes partían ya no podrían identificar sus domicilios. Finalmente, mi padre y su familia decidieron abandonar la isla de Cuba dejando atrás cada una de sus posesiones en busca de un futuro mejor lejos del comunismo.

Lo que sigue a continuación fueron los últimos momentos de mi padre en su tierra natal antes de ser obligado a salir y convertirse en refugiado de su amado país.

Era el 9 de abril de 1961. Todo comenzó con una explosión. Yo tenía veinte años de edad y trabajaba en una juguetería llamada Los Tres Reyes Magos, reabasteciendo los anaqueles con los productos recién llegados. Atendía a la escuela durante el día en el Colegio Bachillerato de La Habana y trabajaba por la noche en la juguetería. Después de clases llegaba a casa a ducharme, me ponía mi uniforme y salía inmediatamente rumbo al trabajo. Cuando me encontraba a dos cuadras del trabajo escuché un fuerte estallido. Más tarde me enteré que la explosión se trataba de un incendio provocado como parte de un ataque terrorista en una famosa tienda departamental de Cuba conocida como El Encanto. La tienda se encontraba en llamas y estaba carbonizada por completo. Después de escuchar el aterrador estruendo entré en pánico. No sabía hacia donde correr o dónde esconderme, las noticias viajan más rápido que el viento en la isla, y sabía que mi abuela se preocupaba terriblemente por mí. Hice todo lo posible por llegar a casa y hacerle saber que me encontraba a salvo. Tomé el primer autobús que seguía en operación, la ruta 15 y corrí varias millas para llegar a casa. Tan pronto como estuve lo suficientemente cerca emití un silbido, una forma de comunicación que usaba con mis familiares.

Al dar vuelta en la esquina, pude ver a mi abuela en su balcón buscándome desesperadamente. Nuestros ojos se encontraron a varios cientos de pies de distancia. Noté como le regresaba el alma al cuerpo. Sus lágrimas cayendo por sus rojas mejillas redondas hasta su camisa planchada de lino blanco. Corrí escaleras arriba directo hacia sus brazos. Después mi abuelo se apresuró a encontrarme, me abrazó y con un corazón apesadumbrado me dijo "tienes que dejar la isla. He decidido que te encontrarás mejor en España. Es tu único recurso para tener la oportunidad de una vida mejor." Parecía que no me quedaba otra alternativa. Sabía que tenía todo el futuro por delante, pero no habría ningún futuro si permanecía en Cuba bajo el control de Castro, así que hice tal como se me indicó. En mi corazón creí que sería capaz de regresar tras dos o cuatro años. Aquí estamos, cincuenta y cinco años más tarde y nunca regresé a Cuba y nunca volví a ver con vida a mis abuelos. Mi plan era ir a la escuela en España por algunos años y regresar a Cuba con un título para continuar con mi vida. Claramente eso no fue lo que pasó. Me fui a España porque era uno de los pocos países en donde era capaz de obtener una visa y obtenerla con facilidad. Además mi padre y mi abuelo paterno eran españoles y yo tenía primos en segundo grado allá. Mi hermano también estaba en España, así que tenía un lugar a donde llegar.

No se me permitió llevar nada conmigo. Castro tenía personal militar en el aeropuerto de La Habana, encargado de registrarte por completo antes de que partieras. Bolsillos de camisas, pantalones, dentro de tus zapatos y a veces incluso las cavidades corporales.

Como hablaba español pude comenzar a buscar trabajo en España de inmediato. Mi abuelo le preguntó a su familia si podía buscar asilo ahí mientras mi visa era aprobada para los Estados Unidos. Fui recibido con los brazos abiertos.

Tres meses después dejé Cuba y me encontré con mi hermano en España. Fue un alivio al menos llegar con alguien conocido. Mi hermano tenía todos sus papeles en orden para obtener una visa de los Estados Unidos. Poco después de llegar a España partió rumbo a Newark, Nueva Jersey. Fue otra pérdida que experimenté. El duelo parecía no tener final.

Lo que me mantuvo enfocado y desear continuar consiguiendo la visa para los Estados Unidos era recordar que la mujer con quien anhelaba casarme me esperaba en Puerto Rico. Esa idea mantuvo el fuego ardiendo dentro de mí.

Permanecí en España puesto que no fui capaz de conseguir la visa para los Estados Unidos. Desafortunadamente, en un viaje anterior cuando fui de Cuba rumbo a Nueva York se me otorgó una visa de treinta días y hubo un error con mi fecha de partida. Una vez que me di cuenta de que había excedido mi fecha de salida reservé un vuelo de regreso a Cuba, pero inmigración ya se había involucrado. Se me convocó a su oficina y dado que ya tenía reservado mi viaje de vuelta a Cuba se permitió irme como "salida voluntaria". No hubo ninguna otra medida después de eso.

Sin embargo mi archivo quedó marcado debido a que excedí mis fechas de salida de los Estados Unidos. Esto, en consecuencia, retrasó la aprobación de mi futura solicitud de visa para ingresar a los Estados Unidos.

Mientras esperaba la visa trabajé de tiempo completo como vendedor de libros y le escribí a mi futura esposa una carta diaria. Quería asegurarme de que ella sabía que no la había olvidado y que ella era mi primera prioridad al llegar a los Estados Unidos.

Durante mi segundo año en España comencé a perder la esperanza. Casarme con la chica de mis sueños y nuestro deseo de llevar juntos una vida mejor parecía muy distante.

Me enfermé y fui diagnosticado con Hepatitis B. Me volví frágil y débil y fui hospitalizado durante cuarenta y cinco días. Perdí mucho peso. Estaba sólo, sin seguro médico para combatir esta enfermedad. Perdí aún más la esperanza. Por mucho que intenté conseguir una visa para los Estados Unidos, con todavía más empeño que mi madre y mi padre, me encontré con rechazos y obstáculos, todo porque calculé mal la fecha de expiración de mi visa anterior.

¡Más adelante descubrí mi única manera de salir de España! Mi única opción era casarme con una mujer estadounidense para conseguir la nacionalidad. Había conocido a una mujer de nombre Ana mientras visitaba a familiares en Nueva Jersey en el otoño de 1958. Era la vecina de mi madre. Me enteré de que iría a Cuba para casarse con otro hombre para que él pudiera obtener la nacionalidad. Era mi oportunidad.

Recibí de mi madre los detalles del vuelo y la sorprendí en el aeropuerto. La intercepté para convencerla de que en lugar de él se casara conmigo. Más o menos un día después le pagué en efectivo cuatrocientos dólares (el equivalente a tres mil quinientos dólares actuales), que era mucho dinero en ese entonces.

Ella regresó a los Estados Unidos y llenó un formulario de Petición de Familiar Extranjero I-30 para que yo pudiera llegar a los Estados Unidos, pero este se retrasó y yo tuve que salir de Cuba y mudarme a España. Que mi aplicación fuera aceptada tardó todo un año.

Una vez que se me concedió la visa, volé a Nueva Jersey y comencé el proceso de divorcio de Ana. Ella había estado ignorando la solicitud de mi abogado para negociar y finalizar el divorcio. Se negó a firmar los papeles de divorcio. Quería mantenerse casada ya que era una solterona que jamás se hubiera casado de otra forma. ¿Ahora qué?

Yo estaba casado y la mujer que amaba me esperaba en Puerto Rico para recogerla y este arreglo matrimonial de negocios estaba estancado. Mi futura suegra me prohibió ir a Puerto Rico hasta que el divorcio estuviera finalizado. Mi suegra chapada a la antigua no permitiría que mi prometida estuviera con un "hombre casado". Puerto Rico era en donde ellas residían. El hermano de mi suegra ahí vivía y la familia de mi futura esposa buscó asilo ahí tras abandonar Cuba.

De nuevo tuve que pensar en otra opción para salir de este falso matrimonio, que era sólo un medio para alcanzar un nuevo comienzo. Hice un plan. Llamé a Ana para decirle que iríamos a cenar. Aceptó inmediatamente pues estaba obsesivamente enamorada de mí.

Una vez que se subió al auto cerré las puertas y manejé hacia la noche. Y manejé, y manejé. Mi intención era que firmara los documentos de divorcio esa noche. ¿Qué si no lo hacía?, ¿qué estaba dispuesto a hacer y qué tan lejos estaba dispuesto a ir? Mientras manejaba traté de convencerla de firmar los papeles. Le recordé que se trataba de una transacción de negocios. No había ninguna relación y a ella se le pagó para que firmara los papeles de divorcio. Como continuaba negándose continué manejando cada vez más rápido, ella estaba cada vez más angustiada por la velocidad.

No me importó. No iba a permanecer casado con una mujer a quien no amaba. Iba a instalar miedo en ella para que firmara el papeleo que me permitiría casarme con la mujer a la que amaba. Hubo una pronunciada curva más adelante y un acantilado que caía aproximadamente cien pies. Mi pie se mantuvo sobre el acelerador y el auto aumentó la velocidad. Cuando ella continuaba negándose a firmar le grité: "yo me niego a seguir casado contigo, así que si no firmas los papeles de divorcio voy a dejar ir este auto por el borde del precipicio. ¡Este matrimonio tendrá final de una u otra manera!". Aceleré aún más, pude sentirla aún más tensa. Miré hacia la derecha y vi sus ojos totalmente abiertos, sus sudorosas manos aferradas del cinturón de seguridad y el reposabrazos. Finalmente gritó, "¡voy a firmar!, ¡voy a firmar!" pisé los frenos y el auto se deslizó sobre la grava, llegando a un alto total.

Saqué los papeles que el abogado me había entregado y le entregué la pluma. Por dentro estaba rezando y esperando que firmara. Por fuera mi comportamiento rudo no dejaba entrever el nerviosismo. Ella jadeaba mientras su temblorosa mano tomaba la pluma. Al terminar la firma no podía creer lo que mis ojos veían. Puse los papeles en la cajuela, fuera de su alcance. Manejé de regreso a casa, ambos en silencio y nunca más la volví a ver.

Treinta días más tarde me encontraba en un avión rumbo a Newark, Nueva Jersey. Tres meses después de llegar a Nueva Jersey, justo antes de la Navidad de 1962, volé rumbo a Puerto Rico. Mi futura esposa no sabía que venía pues quería sorprenderla. Pasé la noche en una habitación de hotel. Por la mañana tomé un taxi hacia la casa del hermano de mi futura suegra. Mi corazón latía rápidamente y mi mente revoloteaba. Dos años de duro trabajo para llegar a este momento. Sin rendirme jamás. Al llegar a la casa procedí a la puerta de enfrente, con una docena de rosas moradas de tallos largos en mi mano temblorosa. En la otra mano llevaba un anillo de compromiso. Me hinqué sobre una rodilla y toqué, pero no hubo respuesta. Volví a tocar. Escuche pasos al otro lado de la puerta. Se abrió la puerta y apareció Amaryllis, mi prometida.

Mis padres a la izquierda con mis abuelos maternos

Sus ojos se engrandecieron mientras lágrimas caían por sus mejillas, salpicando mis zapatos. Temblaba con los brazos extendidos hacia mí para abrazarme. Silenciosamente con voz suave y temblorosa dijo "si".

Foto de la boda de mis padres, 31 de Agosto de 1963

Me tomó dos años para que mis padres finalmente accedieran a ir a Cuba. Mi persistencia rindió frutos. Hice lo mejor para convencerlos de que sería seguro y de que no habría nada de qué preocuparse. Pasé meses planeando un viaje con todos los requisitos y las demandas de mi padre: un auto rentado, sin guía y sin alojamientos compartidos - tenía que ser en hotel. Esto es difícil ya que parte de los requisitos para ir a Cuba es el apoyo a la gente cubana y rentar un Airbnb fácilmente palomeaba esa casilla para nosotros. Para que mi padre se sintiera cómodo accedí a sus peticiones, al mismo tiempo que cumplía con todos los requisitos del gobierno. Qué gran logro. Ahora tenía que convertir ese viaje planeado en un viaje real. Como mis padres eran de nacionalidad cubana su visa tardaría sesenta días en ser procesada y contaría con validez de treinta días. Por lo tanto, sus visas tenían que ser solicitadas noventa días antes de nuestro viaje. Después de pasar meses planeando este viaje con todos los requisitos de mi padre me llamó y me dijo: "cancela el viaje, no iremos."

Mi corazón se me hundió hasta el estómago. Lo que ocurrió es que sus miedos habían regresado y su lealtad a la Cuba prerrevolucionaria le hizo cancelar el viaje. Mis sueños se desvanecieron ante mis ojos. Estaba tan enojado que le colgué el teléfono a mi padre. Nunca me había comportado así, especialmente nunca con él.

Una depresión se empezó a asentar en mí tras el pensamiento de que mi búsqueda de la historia familiar tendría su final ahí mismo. Nunca tendría la oportunidad de obtener confirmación sobre los sitios especiales y la información respecto a la vida de mis padres en Cuba.

Puse mi investigación de lado, esperando utilizarla en algún momento en el futuro. Tres días después recibí una llamada de mi padre diciendo que me habían enviado sus pasaportes por la noche para que obtuviera sus visas cubanas. ¡No podía creer lo que escuchaba! Una tenue luz brilló sobre mi sueño de nuevo. Me preguntaba qué es lo que ocurrió que hizo que mi padre cambiara de parecer. Algunos días después me enteré de que mi madre le dijo "si no vamos a Cuba con él nunca regresaremos y yo quiero ir!"

Las palabras "yo quiero ir" hicieron eco en mi alma. Mi madre quería compartir su historia conmigo. Quería regresar a su país y volverlo a ver. Quería ir y experimentar Cuba como adulta y compartir esta historia con sus hijos. Las palabras "yo quiero ir" fueron palabras de confirmación. Tenía luz verde para ponerme en marcha. De este día en adelante estuvieron dispuestos y nunca volvieron a mirar atrás. Este viaje sería un viaje personal para mi familia. Mi hermana Amaryllis había mostrado interés por ir a Cuba (sólo si) mis padres accedían. No quería perderse una oportunidad única en la vida. Así que este viaje incluiría a mi madre a mi padre, a mi hermana Amaryllis, a mí y además a mi amigo Jim, que se nos unió por algunos días para ayudarnos a documentar el viaje y tomar tantas fotografías como fuera posible para preservar nuestra historia mientras se desplegaba. Lo que viene a continuación es mi reporte personal de lo que ocurrió en mi segundo viaje a Cuba CON mis padres, después de que hubieran dejado la isla hace más de cincuenta años.

Mi madre

Mi padre

LA FAMILIA IGLESIAS REGRESA A CUBA, LA ÚLTIMA PIEZA DEL ROMPECABEZAS

24 de Noviembre, 2018 - De Boston a Miami:

El 24 de Noviembre de 2018, volé de Boston a Miami y mi hermana Amaryllis voló de los Ángeles a Miami. Decir que el ambiente estaba tenso es ponerlo de forma ligera. Creo que todos estábamos sintiendo cosas distintas. Todos estábamos nerviosos y asustados respecto a este viaje. Era la receta perfecta para el caos, emoción mezclada con temor.

Había estrés, adrenalina y una buena cantidad de miedo, pero también el sentimiento de felicidad de que este viaje estaba ocurriendo. No podía creer que un día estaría en Cuba con mis padres. Todo el duro trabajo, todas las peticiones, toda la investigación valieron la pena a cambio del sentimiento de satisfacción de este logro, y eso que aún no habíamos partido siquiera - apenas habíamos llegado a Miami.

Mi hermana tampoco podía creer que había llegado ese día. Estuvimos hasta el amanecer hablando sobre el viaje y lo que podríamos esperar. Nunca en un millón de años me hubiera imaginado lo que pasaría.

Hice lo mejor que pude para explicarles a mis familiares que Cuba se trataba de un destino como cualquier otro, igual que viajar a cualquier isla en el caribe. No ayudó en nada. El ambiente era caótico con respecto a qué debían empacar mis padres, asegurándose de no olvidar sus medicamentos y asegurando la casa para irse durante toda una semana. Había muchas discusiones entre mi hermana y yo, entre mis padres, entre mis padres y yo y entre mi hermana y mis padres. Todo se debía al sentimiento de nerviosismo. ¡Y todo por un vuelo de tan sólo treinta y cinco minutos!

25 de Noviembre, 2018 – ¡De Miami a La Habana, Cuba!

En la mañana del 25 de noviembre de 2018, nos despertamos, reunimos nuestras pertenencias y nos dirigimos al aeropuerto. Me di cuenta de que este día era el segundo aniversario de la muerte de Castro mientras leía los encabezados de las noticias. Estaba preocupado de que hubiera algún desfile en su honor o algo similar y que molestara a mis padres.

De conocer a mi padre se darían cuenta de que esta no era la mejor idea ya que es un hombre extremadamente apasionado y patriótico de corazón. Le gusta tanto Cuba como los Estados Unidos, donde es veterano del ejército. Ser obligado a dejar tu país, dejar atrás tus pertenencias y a tus familiares, causa una enorme cantidad de estrés post traumático y que esto se te recuerde sería algo difícil de manejar para cualquiera. Regresar a Cuba fue un riesgo, mi padre se enojaría tremendamente si hubieran imágenes de Castro apareciendo por doquier en celebración a su "victoria y en retrospectiva de su vida".

Me encontraba menos preocupado por mi madre. Aunque ella también se molestaría tiene la tendencia a no expresar de forma verbal su odio o decepción. En lugar de esto lo discute en privado con su familia. Mi padre, por otro lado, es muy vocal con su postura y orgulloso de esta, comparte sus sentimientos y opiniones sobre asuntos políticos con cualquiera. Lo tendría que proteger de cualquier celebración en honor a Castro.

Finalmente abordamos la aeronave y tomamos nuestro vuelo de treinta y cinco minutos. ¡Aterrizamos!, ¡en Cuba! Miré a mi hermana. Mi hermana me miró a mí. Esto podría no ser cierto. Traje a mis padres a su hogar. De repente me puse nervioso. Estaba tan preocupado por ellos. Quería que estuvieran cómodos y felices y que no se preocuparan de nada más. Teníamos un largo camino por delante antes de llegar al hotel/Airbnb. ¡Esperaba que todo saliera bien!

Lo primero era hacerlos pasar por aduanas e inmigración. Inmediatamente mi padre se hizo amigo de los oficiales y les otorgó más información de la requerida. Esto es típico de mi padre, el conversador -y muy bueno. Era el líder de este grupo y sería difícil evitar que contara su historia de vida a extraños mientras empujaba a mi madre que iba en silla de ruedas y lidiaba con mi hermana, que estaba más nerviosa que un pavo en Día de Gracias.

Finalmente todos pasaron por inmigración, sin paradas ni interrogatorios. ¡Sólo un simple chequeo de pasaportes y estamos dentro! Mi corazón finalmente se tranquilizó y regresó a su ritmo normal. A continuación: aduanas.

Esperamos nuestras maletas, las tomamos y nos dirigimos hacia la inspección aduanal. De nuevo sin contratiempos ni paradas, ni inspección de equipaje, ni preguntas. Estaba extasiado. Una vez que pasamos aduanas (lo que pensé se trataría de la parte más difícil), intercambiamos nuestros dólares por pesos cubanos mientras esperábamos el automóvil. Sólo puedes intercambiar dinero por pesos cubanos en la isla. Habíamos prepagado todo lo demás, hoteles, automóviles y tours usando tarjetas de crédito antes de partir, así que lo único que necesitábamos era dinero para gastar. Y así empezó nuestra espera. El coche no estaba listo para nosotros cuando aterrizamos, y una vez que llegó, una hora y media más tarde de lo acordado era similar al auto que aparecía en los "Picapiedra". Para empeorar las cosas no cabían cinco personas, cinco piezas de equipaje y una andadera. Nos tomó alrededor de quince minutos acomodarnos, pero lo logramos y fuimos a hacer check in en nuestro Airbnb, era tarde.

Estaba nervioso de esta parte también, porque, de nuevo, mi padre es muy particular respecto a su condiciones de hospedaje. Subí el edificio, mi corazón se hundía en mi pecho. Estaba al lado de la antigua estación de gasolina, con pintura descascarándose del edificio, los muros exteriores necesitaban reparaciones. Tuve un ligero pánico y los llevé apresuradamente al lobby, llevando la atención a las maletas y en mi madre quien requiere asistencia. Todo funcionó, por el momento.

Las cosas mejoraron cuando ingresamos al lobby. Estaba limpio, pero era anticuado, lo cual estaba bien, nos apretujamos en el elevador. Mi corazón latía un millón de veces por minuto pues no sabía qué esperar de las habitaciones. Solo esperaba que este se encontrara limpio, con camas confortables para mis padres. Imagina esos departamentos de Nueva York con las puertas que al abrir en vez de llevar a un pasillo con varias puertas que conducen a varias habitaciones se abren directamente en la puerta frontal de la unidad. Este edificio era similar. El elevador se detuvo en el segundo piso y se abrió. La puerta de la unidad se abrió ligeramente y una pequeña mujer salió e ingresó al elevador, antes de que se cerrara rápidamente tras de ella. Era imposible ver cómo era esa unidad.

Estábamos en el quinto piso, el más alto del edificio. Toqué la puerta y una mujer de edad avanzada con una suave voz abrió la puerta lo justo necesario para sacar asomar la cabeza. Preguntó si necesitábamos ayuda, y me presenté. Con una gran sonrisa dijo "si claro. Sean bienvenidos durante los próximos días."

Abrió la puerta "¡bienvenidos!". La puerta se abrió revelando pisos de mármol, utensilios de acero inoxidable y cuartos inmaculados. No podría ser más feliz. Además había tres habitaciones, cada una con un baño completo y vista al mar. Era el paraíso. Rápidamente dejamos nuestras maletas porque ahora íbamos tarde para nuestra experiencia Airbnb, una clase de mixología llamada "Clásicos cubanos" Estaba evitando salir para que no se encontraran con manifestaciones de Castro en duelo por su muerte.

Creí que la clase sería en un bar, pero fue en la casa de alguien, en su patio trasero. Mi padre estaba tan contento de estar en su tierra natal que me parece que ni siquiera lo notó. A nuestra llegada el anfitrión nos dio la bienvenida sonriendo y nos condujo al patio trasero donde se encontraba una barra nueva - probablemente mejor de la que verías en un verdadero bar- y tenía varias mesas con sillas.

Para esta experiencia el bartender, José, explicó cómo estaba hecha cada una de las bebidas clásicas cubanas así como su historia. Después un participante del grupo era seleccionado para hacerla. La mejor bebida de cada categoría era declarada ganadora. Hicimos tres bebidas clásicas: un mojito (hecho con ron blanco, azúcar jugo de lima, agua gasificada y menta), una Cuba libre (hechas con refresco de cola, ron y a veces jugo de lima) y un Daiquirí (hecho a base de ron, fresas frescas, jarabe de azúcar, jugo de lima y si es que va congelado, hielo en partes iguales). Los invitados competían para ver quién había hecho la mejor bebida de cada categoría. Yo gané por el mejor Daiquirí. Como si la clase de mixología no fuera suficiente, nos sorprendieron con la técnica de cómo fumar un puro cubano, un Cohiba para ser más precisos. Esta era una primera vez para mi madre, mi hermana y para mí, a pesar de que mi abuelo paterno era un ávido fumador de puros.

En la clase aprendimos la etiqueta para fumar un puro, su historia, cómo cortarlo, cómo prenderlo y cómo fumarlo -algunos aficionados al puro lo remojan en whiskey o en café cubano, por ejemplo. Durante la noche también sirvieron tapas cubanas. Recuerdo específicamente fijarme en mis padres para guiarme durante esta experiencia, de pronto olvidé que se habían ido a edad muy temprana, antes de que tuvieran permitido beber y fumar. Así pues, aprender juntos sobre estos clásicos cubanos fue un momento para fortalecer lazos.

Al final de la noche nos dieron como regalos de despedida una botella de ron, un puro Cohiba y el recetario de las bebidas. No había palabras para expresar lo maravilloso que empezaba el viaje familiar. Para el final de esta experiencia todos se sentían cómodos y felices. Una experiencia de tres horas que se volvieron seis, lo cual no es de sorprender, dado que la tradicional hospitalidad cubana siempre hace a uno sentirse en casa y nunca te apresura.

Luego de nuestra clase de mixología cenamos en Castropol, justo enfrente del malecón.

Logré un primer día exitoso. Estaba agotado física y mentalmente. Pero puedo decir honestamente que valió cada segundo de mi arduo trabajo y cada centavo. Mis padres eran como niños que van por primera vez a Disney World. Tenía el presentimiento de que lo mejor estaba por venir.

Banca en el parque María Grajales en donde mis adres
oficialmente iniciaron su relación.

26 de Noviembre, 2018 – La Habana, Cuba:

Hoy tuvimos un comienzo difícil. El estrés de viajar nos agotó a todos, sin mencionar la larga velada tomando y fumando, a pesar de que se trató de un solo puro, o menos de un puro. Sin embargo, nuestro cansancio no nos detuvo. La emoción estaba a tope. Mis padres estaban despiertos desde temprano y vestidos para el día. Una buena señal. Si conocieras personalmente a mi madre sabrías que no hace nada antes del mediodía. El resto de nosotros nos movíamos con lentitud, especialmente yo. Finalmente dejamos nuestro hotel y comenzamos nuestro viaje por la avenida de los recuerdos. Como todos se interrumpían anoté lo más rápido que podía. Mis padres contaban simultáneamente sus versiones de la historia y mi hermana hacía preguntas. Les recordé que me encontraba tomando notas y haciendo grabaciones y que no podían hablar los tres al mismo tiempo. Bienvenidos a mi familia cubana. La primera parada del día fue el parque en donde mis padres comenzaron su relación. El parque María Grajales. La banca donde mi padre le pidió a mi madre que fuera su novia está de frente al parque y da la espalda a la calle 23. En ese entonces mi madre tenía solamente catorce años y mi padre diecinueve. Un noviazgo común de esa época.

La banca donde mis padres oficialmente comenzaron su relación

De hecho se conocieron precisamente al otro lado de la calle de ahí. Mi padre pensaba que era genial y atractivo con su sombrero de paja y gafas de sol, inclinado con un pie sobre la pared. Imagina a Frank Sinatra justo antes de que alguien gritara "acción" en un set de película. Mi mamá tan inocente ella, esperaba en la parada de autobús unos pasos más adelante, abrazando sus libros con los brazos cruzados. Decía que le dio la espalda a mi padre a propósito para hacerse la difícil. Mi madre asistía al colegio de secretarias, una especie de escuela técnica que existía en ese entonces. Mi padre se acercó y le dio un golpecito en el hombro. Cuando ella se dio la vuelta dijo "hola, ¿eres la hermana de Tony?" Mi papá y mi tío materno eran amigos del vecindario. Mi madre respondió "Si, lo soy" después de eso mi padre la invitó a salir.

Mi madre y mi padre en el lugar donde se conocieron

Fue así de sencillo en ese entonces. El resto es historia.

Nuestra siguiente parada era una de las más importantes, al menos para mi padre. Era el cementerio donde estaban enterrados sus abuelos, ya que yo no fui capaz de encontrar el sitio de entierro en mi primer viaje. El cementerio había crecido mucho desde la última vez que mi padre estuvo ahí.

En esta ocasión un trabajador del cementerio llamado Luis fue capaz de localizar la parcela rápidamente. Estaba preparado para asegurar que sabíamos los nombres completos y las fechas de fallecimiento de los familiares de mi padre. Con lo que mi padre podía recordar buscamos el espacio de su abuelo durante más de una hora. A mi padre siempre le ha costado pedir ayuda de cualquiera.

El Cementerio de Colón, donde mis bisabuelos fueron enterrados

Esta era una parte significativa del viaje puesto que fue mi bisabuelo quien le dijo a mi padre que debía abandonar Cuba. Esta sería la primera vez en que mi padre estaría remotamente cerca de su abuelo de nuevo. Hubiera sido imposible encontrar esta tumba sin la ayuda del encargado del cementerio. La tumba era una de esas de estilo antiguo en donde el sarcófago se encuentra sobre tierra y los restos se depositan en el interior. La parte superior de la tumba llega a la altura del pecho. Cuando caminaba al lado de esta noté que la lápida derruida tenía los nombres borrados, la parte de arriba estaba ligeramente entreabierta y se encontraba en muy pobres condiciones.

Luis había asistido a extranjeros buscando a sus seres queridos previamente. Caminó hacia la tumba, frotó un pedazo de tiza sobre las hendiduras de esta y como por arte de magia apareció una letra a la vez hasta que se pudo leer el nombre completo de mi bisabuelo, José Arteaga. Voltee a ver a mi padre. Las lágrimas le brotaron y lentamente empezaron a caer desde su cara hasta el nombre de mi bisabuelo, borrando la tiza fresca, de modo que el nombre volvió a desaparecer.

Caminamos un poco lejos para darle algo de privacidad. Mi madre discretamente se limpió sus propias lágrimas con un pañuelo de lino como los que se usaban en Cuba antaño. Hablé en privado con Luis sobre cómo podría restaurar la tumba para mi bisabuelo y me presentó con el encargado del cementerio. Actualmente estamos en planes para restaurar dicha tumba y hay un viaje planeado para colocar las placas al pie de estas. Ya no será necesario un pedazo de tiza para exponer los nombres de mis bisabuelos. No mientras yo esté a cargo.

En Cuba es costumbre que las familias compren una parcela de cementerio. Cuando un miembro de la familia muere se le coloca en la tumba. Cuando el siguiente miembro de la familia fallece, los restos del miembro anterior son colocados en un osario y se dejan al interior de la tumba y los restos de la persona recién fallecida se colocan dentro. Y así sucesivamente. Enterrados en esta tumba se encuentran mis bisabuelos José Francisco Arteaga Souville, mi bisabuela, Carmela Zúñiga Salazar de Arteaga, mi tío bisabuelo Joaquín Arteaga Zúñiga, y las cuatro tías de mi padre, Alicia Arteaga Soville (Cata), Consuelo Arteaga Souville (Coco), Dolores Arteaga Souville (Yoya), and Margot Arteaga Souville. Un número significativo de individuos en una sola parcela funeraria.

Naturalmente pasamos una buena cantidad de tiempo aquí. Una vez que mi padre estuvo listo para seguir adelante viajamos para ver la escuela privada de mi madre, a donde asistió desde tercero hasta séptimo grado, se llamaba Colegio Buenavista. Se ubicaba en el número 4306 de la Calle Miramar, al otro lado de la calle de la escuela privada de mi padre, Chandler College en el número 4301, Calle Miramar. Detrás de esta escuela se encontraba un campo abierto donde jugaba béisbol, se ejercitaba, trotaba y trepaba la cuerda. De ahí manejamos al lado de sus escuelas primarias ubicadas cerca de la calle 54, entre la 43 y la 45. Luego manejamos a través de sus viejos vecindarios. Una de las casas de mi madre se ubicaba en la 43 y 53 B, #5819 en el segundo piso. Dado que mi abuela materna tenía su propio negocio en casa donde enseñaba ballet y piano siempre estaba atenta por si encontraba una mejor ubicación. Por lo cual mi madre vivió en varias casas, algunas las recordaba más que otras.

Una de las casas donde vivió mi madre

La casa era color óxido en la parte de abajo y blanca en la parte de arriba. Dos edificios conectaban a través de un pequeño puente pintado de verde con un número 213 muy chico en la parte de abajo. Hoy en día la casa está transformada en varios departamentos. Mi abuela materna, Rosalía Fernández (su apodo era Flora), enseñaba piano, ballet y jazz. Mi madre y su hermano compartían una habitación que tenía un sofá cama y durante el día la habitación se transformaba en estudio y salón de ensayos de danza donde enseñaba mi abuela.

Mi abuelo paterno era adinerado y tenía varias casas alrededor de la isla, en la ciudad, en la playa y en la granja. Una de las casas de mi padre se ubicaba en Bareto 4114 y 4108 (ahora conocida como la esquina de la 43 y la 60). Esta se encuentra a solo unas cuadras del club Tropicana. Junto al Tropicana se encuentra un parque donde mi padre aprendió a andar en bicicleta. Es la casa donde se le informó a mi padre que su hermano había sido arrestado por falsificación de dinero (algunos cubanos hacían lo que fuera posible para sobrevivir, lo cual en ocasiones se trataba de actividades ilegales). El lugar donde su hermano vivía se encontraba en el 5874 de Gutiérrez (ahora llamada 43).

Una de las casas de mi padre

178

Esta misma cuadra es en donde mi papá vendía revistas Bohemia, calabazas y café. Se hacía lo que se tenía que hacer para sobrevivir en ese entonces y mi padre trabajaba arduamente, siempre encontrando la forma de cubrir sus gastos. Estoy seguro de que tenía algún truco para hacerte comprar una calabaza aun cuando no la necesitabas.

Durante esta época mi madre compraba pan fresco diario en la panadería ubicada en frente del 410 y 58B entre la 41 y la 43. Esta panadería aún existe. El pan parecía poco costoso, pero los locales no aceptaron el dinero extra que ofrecimos, ni siquiera aceptaron una propina. Cuando no contaban con cambio para nuestro billete de alta denominación les dijimos que se quedaran el cambio. Estábamos muy emocionados de probar el mismo pan que mi madre compraba hace tantos años. El pan estaba delicioso y mi madre dijo que era muy similar a como lo recordaba. Somos en definitiva una familia de pan con mantequilla y aquí está el origen de eso.

En este vecindario también se encontraba el cine Sala Avenida, donde mis padres tuvieron su primera cita. Vieron la película "Esta tierra es mía", protagonizada por Rock Hudson y unos meses más tarde vieron "Un lugar de verano". En ambas ocasiones mi madre estaba acompañada por mi abuela materna -una práctica común en las comunidades latinas. Las jovencitas nunca eran dejadas solas con hombres jóvenes.

Sala de cine a dónde fueron mis padres

Después procedimos a la última casa donde residió mi madre antes de ser forzada a dejar su país y en donde dejó todos sus bienes personales, incluida su muñeca favorita. Se ubicaba en el 5421 de la avenida 41 (también conocida como Calzada de Colombia). Estaba pintada de rosa en la parte de abajo y de blanco arriba, ella vivía en el segundo piso. Mi abuela siempre eligió vivir en calles concurridas pues pensaba que sería bueno para promover su negocio. Tenía razón. Su clientela aumentaba cada vez que se movía a un lugar más transitado y sus antiguos estudiantes la seguían. El estudio de mi abuela se llamaba Academia García Acosta.

La última casa de mi madre antes de irse de Cuba por última vez

La historia de la familia iglesias es complicada y las fechas juegan parte importante. En este punto del viaje aprendimos que mis padres comenzaron su relación el 29 de febrero de 1960. No conocía esta información, principalmente porque sólo se celebraban los momentos de mayor importancia, como los aniversarios. Fue lindo conocer esta fecha íntima. Comprometerse en un año bisiesto parecía una curiosidad, ya que sólo ocurre cada cuatro años.

Hay que recordar que mientras mi padre dejó Cuba el 8 de abril de 1961, para obtener la visa para los Estados Unidos, mi madre dejó Cuba el 21 de septiembre de 1961 rumbo a Jamaica y treinta días después hacia a Puerto Rico. Se quedó en Puerto Rico varios años y mi padre se quedó en España por poco más de un año. Estuvieron separados todo ese tiempo. No había celulares, no había

Facetime ni Zoom. En ese entonces las llamadas telefónicas eran extremadamente caras y escribir cartas era la forma habitual de comunicación entre aquellos que estaban separados por muchas millas de distancia.

Estar ahí en persona, reviviendo sus últimos momentos en su país me rompió el corazón y me conmovió. Solo puedo imaginar lo que sintieron en ese entonces y lo que sentían ahora. Las historias contadas por mi padre se tornaron oscuras. Era desgarrador imaginar a mi madre preguntando a mi abuela si podía llevar su muñeca favorita con ella y que se la quitaran en el aeropuerto. Fue devastador sentir la frustración de parte de mi padre al negarle la visa a los Estados Unidos. Ponerme en sus zapatos en el preciso lugar que llamaron hogar por muchos años, un hogar que lentamente se convertiría en un infierno, me tocó en el fondo.

Y este soy yo hablando, un hijo que vive a través de los ojos de sus padres. Lentamente, comencé a entender la dicotomía entre amar a tu país natal, del que te obligaron a irte y despreciarlo basándose únicamente en el gobernante comunista. La realidad de sus historias comenzaba a cristalizarse para mí.

27 de Noviembre, 2018 – La Habana, Cuba:

Ese día comenzamos tarde. La montaña rusa emocional nos tenía agotados. Dedicamos nuestro día a encontrar otros lugares significativos para la familia.

Logramos encontrar la fábrica donde trabajaba mi abuelo y varias de las casas donde estuvo mi padre alrededor de la isla. Era común para la gente de las ciudades pasar tiempo cerca de la playa durante algunos momentos del año.

La parada más significativa fue la casa donde vivió mi padre antes de dejar la isla. Hacia donde corrió cuando la bomba explotó cerca de su trabajo. Fue en donde, poco después de que explotara la bomba, mi abuelo le dijo a mi padre que tendría que dejar la isla.

La casa tenía dos pisos y estaba pintada de azul y blanco. Sus abuelos habían ocupado el segundo piso. Lentamente nos acercamos a la casa para no causar revuelo en nadie que se encontrara ahí. Los locales se sentían incómodos de hablar con extraños.

Mi padre nos explicó en donde vivían y cómo se despidió de sus abuelos. Cómo se alejó de su abuela caminando lentamente mientras ella se asomaba al balcón, donde pudo seguir viéndolo mientras continuaba su paso. Su abuelo permaneció en el porche.

A regañadientes mi padre se dio la vuelta y comenzó a alejarse caminando lentamente de la casa de sus abuelos, volteando constantemente mientras ellos se despedían a la distancia. Lágrimas incontrolables caían por sus rostros. Mi padre tuvo su propia caminata emotiva hacia el aeropuerto con los ojos rojos y llenos de lágrimas. No sabía que sería por siempre un refugiado de Cuba. Aun así continuó adelante e hizo lo que el hombre a quien más respetaba le indicó. Continuó hacia adelante por ellos, por él y por su futura familia. ¡Cuánto valor a los veinte años! ¡Qué resiliencia, tenacidad y determinación! Yo estaba aterrado cuando me dejaron en el campus para asistir a la escuela de leyes. Lo que tuvieron que soportar las viejas generaciones cubanas es incomprensible.

A continuación fui capaz de ubicar el edificio que visité en la primera ocasión donde mi madre tomó lecciones de piano. La música clásica siempre ha sido parte integral de nuestra familia. Como mencioné antes, mi abuela materna enseñaba piano y mi madre tomó lecciones y también enseñó piano.

Mis abuelos maternos

Esperaba que los propietarios se encontraran en casa y nos permitieran pasar. Sin estar acompañados de un guía esta vez y sabiendo que los locales al principio son escépticos con los turistas, caminé hacia la puerta y toqué. No hubo respuesta. Volví a tocar y de nuevo no hubo respuesta. Estaba decepcionado, esperanzado de que regresaran más tarde. Tomamos fotografías de mi madre afuera y justo en ese momento abrió la puerta una mujer. Se trataba de la misma mujer de mi viaje anterior. Al principio no me reconoció, así que le expliqué que la última vez se me permitió pasar y que mi madre había tomado lecciones de piano ahí. Le expliqué que en esta ocasión había traído a mi madre y la mujer respondió "¡sí, cómo no! Adelante". A continuación hubo una conversación y mi madre explicó que había tomado clases de piano ahí con Juanita Valle de Pérez Goñi a lo que la mujer respondió "si, era mi madre". Mis ojos se engrandecieron con incredulidad.

Pude sentir la adrenalina, al ver a mi madre volver a dar los pasos que tantas veces dio antes para tomar sus lecciones de piano, aunque un poco más despacio recuperando el aliento en cada escalón de mármol. Estaba llena de dicha. Sus ojos me mostraron todo lo que necesitaba ver y sentir. Podía percibir la felicidad y tristeza de mi madre todo al mismo tiempo. La hija de la maestra de piano de mi madre dijo que el gobierno había confiscado todos los pianos que estaban en la casa, que entonces fungía también como estudio. Fueron capaces de salvar un piano de cola pequeña escondiéndolo en uno de los closets de la recámara. Cuando mi madre escuchó esta información apareció una sonrisa en su rostro.

Había varias recámaras de amplias puertas convertidas en estudios de piano. La parte trasera de la casa se ocupaba como vivienda. Mientras mi madre lentamente daba la vuelta al lado opuesto de la habitación notó un piano familiar colocado diagonalmente en una esquina, cubierto de telarañas y polvo. ¡Se trataba exactamente del mismo piano que mi madre tocaba cuando era adolescente! ¡Qué locura! Un piano que había tocado hace más de cincuenta años. Su sonrisa aumentó.

Caminó hacia él como me imagino que había hecho tantos años atrás. Jaló la banca de debajo del piano y se sentó. Después de pausar un momento para observarlo tomó un respiro profundo y comenzó a tocar una pieza de Rachmaninoff. Mi compositor favorito. El piano estaba completamente desafinado pero a ella no le importó y nosotros tampoco. Uno de los pedales se trabó mientras tocaba, justo como lo hacía años antes. Observar esta escena me trajo mucha dicha. Traerla de regreso a las raíces de la carrera musical familiar era uno de mis objetivos en este viaje para mi madre y mi hermana. Misión cumplida.

Mi madre tras un recital de piano

Era difícil pasar por alto que el techo tenía agujeros por donde brillaba la luz del sol. Los pisos disparejos eran un riesgo al poder causar un tropiezo. El papel tapiz se doblaba hacia abajo en todas las esquinas de la casa. La forma en que la gente vivía actualmente en Cuba nos impactó, pero ya que a ellos no los perturbaba, intentábamos que no nos perturbara a nosotros tampoco. Los dueños eran tan hospitalarios y dulces como son todas las personas en Cuba. Queríamos ayudarlos de cualquier manera en que nos fuera posible, pero siempre negaron cualquier asistencia. Esto se debe al orgullo cubano.

El propietario le mostró a mi madre antiguas fotografías y programas de recitales de concierto. Uno de ellos tenía el nombre de mi madre. Era otro momento conmovedor y clave del viaje. Era la primera ocasión que éramos capaces de experimentar el interior de un edificio significativo. Hubo un instante en que noté a mi madre viendo a través de una ventana alta al lado del piano mientras los demás conversaban con los propietarios de la casa. Fui capaz de capturar ese momento en una fotografía y vaya que me alegro de haberlo hecho.

Mi madre en la academia de música mirando a la iglesia
que frecuentaba después de sus lecciones

Fue hasta después que me di cuenta de que mi madre había estado observando la iglesia que se encontraba abajo. Descubrí que esta iglesia era de gran importancia para ella. Ahí es donde se detenía después de cada lección de piano a rezar para que mi padre, Lázaro, la invitara a salir.

Desde la academia de música caminamos frente a un edificio e ingresamos a la iglesia vacía. La catedral era relativamente grande y los artefactos religiosos eran vistosos. Quedé hipnotizado por la arquitectura y las reliquias religiosas que seguían en una pieza. Mientras admiraba las pinturas barrocas que cubrían el techo, bajé mi cabeza hacia el frente de la iglesia y noté a mi madre del lado izquierdo. Estaba en un banco de iglesia, arrodillada en silencio y rezando. Tomé mi cámara y rápidamente capturé aquel momento. Más tarde descubrí que estaba rezando en la ubicación exacta donde lo hizo tantas veces antes. En esta ocasión, sus rezos eran por la gente de Cuba y agradeció a Dios por lo afortunada que había sido su vida y por la oportunidad de volver a Cuba. Todo este tiempo tuvimos la iglesia entera sólo para nosotros.

Mi madre dentro de la iglesia en el mismo banco donde rezaba
hace más de cincuenta años

Lo siguiente en el tour familiar era el Capitolio. Como lo mencioné antes, me habían dicho que mi tátara abuelo, antes de la revolución, era propietario del terreno donde actualmente se encuentra el Capitolio. Al experimentar este sitio con mis padres accedí a un tour aún más personal por los alrededores. Escuchar a mi padre hablar de las frondosas tierras de cultivo que existieron antes de que se construyera el edificio y cómo se veían en ese entonces me dio mucho para imaginar. Uno rara vez reflexiona sobre lo que los edificios de capitolio reemplazan, porque el nuevo edificio adquiere gran importancia. Pero para la familia Iglesias, el Capitolio cubano conlleva una enorme cantidad de significado.

El resto del día lo pasamos como turistas. Fue agradable intercambiar nuestros papeles a lo largo del día y pasar de ser locales a ser turistas. Visitamos El Floridita, que era uno de los bares favoritos de Ernest Hemingway para tomar un Diquirí. Una estatua de bronce de él se encuentra en su lugar favorito, apoyado contra el bar.

Después visitamos su bar favorito, La Bodeguita del Medio, conocida por sus mojitos. Mientras el cielo se ponía en La Habana y una hermosa neblina azul cubría la isla, caminamos a través de las calles empedradas de la Vieja Habana. La Habana parecía cobrar vida con el atardecer. Los músicos se preparaban para sus segundos empleos, llegaban a sus trabajos vespertinos tocando sus instrumentos y produciendo música de ritmos afrocubanos. Voces talentosas llenaron las calles con letras románticas en español, haciendo de la caminata aún más encantadora y romántica. Una manera apacible de terminar un maravilloso día en La Habana.

Pinar del Río

28 de Noviembre, 2018 – Pinar del Río:

Mi madre nació en Pinar del Río, un pequeño pueblo en la costa oeste de la isla. Hay que manejar prácticamente de corrido durante alrededor de dos horas desde La Habana.

No tiene muchos recuerdos del lugar pues su familia se mudó a La Habana cuando ella tenía solamente tres años de edad. Quería palomear todas las casillas y llevarla a este pueblo, a pesar de que no reconocería nada. Comparado con La Habana no había mucho en ese pueblo, pero era agradable andar por las calles del sitio natal de mi madre, las calles que mis abuelos maternos caminaron tantos años atrás y que llamaron hogar. Los vendedores llenaban las angostas calles, vendiendo chucherías como plumas y lápices con el nombre Pinar Del Río inscrito, representaciones de bailarines cubanos tallados en madera y aquellos famosos maníes, frutas y jugos.

Luego de recorrer Pinar (como los locales lo llaman), nos detuvimos en Valle Viñales, un paraíso tabaquero gracias a su clima tropical. Una hermosa área rodeada de verdes y frondosas colinas onduladas. Dimos un tour por una granja tabacalera donde nos enseñaron el proceso de cultivo del tabaco y luego nos mostraron cómo los puros son forjados y posteriormente empacados para su venta. Este proceso es fascinante aun para quien no fuma puros. Esta fue una agradable adición a la clase de mixología de nuestro primer día en La Habana. Noté que esta área en particular está recubierta de un aire húmedo, perfecto para cultivar tabaco. Viñales es una de las más hermosas obras maestras de la naturaleza.

El proceso de forjar puros

Se nos ponchó un neumático en Valle Viñales. Lo cual resultó ser una bendición ya que no hay lugares dónde detenerse entre Valle Viñales y La Habana. No hay paradas de descanso, no hay estaciones de gasolina, ni nada. Sólo hay carreteras llenas de baches con gente local tratando de conseguir un viaje. No había neumático de refacción. Lección aprendida. Desde ese día siempre me aseguro de que los coches de alquiler lleven una llanta de repuesto. No teníamos otra opción más que repararla y parcharla en Viñales. Sólo le tomó a mi padre unos cuantos minutos encontrar a alguien que arreglara la ponchadura, nada mal considerando que no éramos de ahí. Fuimos lo suficientemente afortunados de lograr tener ese neumático reparado en una choza al lado del camino, aunque esto tomó dos horas aproximadamente. Todo se mueve a la velocidad de la isla. Una vez que el neumático quedó reparado, hicimos nuestro viaje de dos horas de regreso a la ciudad de las columnas: La Habana.

29 de Noviembre, 2018 –La Habana, Cuba:

Ya que este sería técnicamente nuestro último día en La Habana, lo quise hacer tan especial como me fue posible. Preparé un tour en automóvil vintage, una sesión fotográfica y una noche en el Tropicana -EL club nocturno de La Habana.

Nuestro día comenzó con un automóvil vintage clásico color rojo recogiéndonos en el hotel y llevándonos a los sitios principales para la sesión fotográfica. Quería que un fotógrafo profesional capturara hermosas fotografías familiares de este viaje. Nos vestimos con el mejor atuendo tradicional cubano y tomamos fotografías frente al malecón, el Hotel Nacional (un famoso hotel frecuentado por muchas celebridades), el Capitolio y otros lugares significativos para mi familia.

Fusterlandia

Más tarde nuestro chofer nos llevó a la zona artística conocida como Fusterlandia. Fuster, como has de recordar, fue el artista que levantó un vecindario de bajos recursos utilizando mosaicos coloridos. Mis padres no tenían idea de esta área posrevolucionaria y me sentí orgulloso de revelarles un aspecto de La Habana que jamás habían visto antes. Después de ver edificios necesitados de mantenimiento el poder ver estas hermosas obras de arte fue una maravillosa variación. Esto dio término a nuestra tarde de aventuras. Siguiente parada, el Tropicana.

Fusterlandia

Recordarán que el Tropicana tiene un lugar especial en el corazón de mi padre, el cual había insistido que atendiera al espectáculo durante mi primera visita: "es el espectáculo más hermoso y glamoroso, que jamás verán tus ojos."

Mi padre no podía esperar a ver el espectáculo con el que había soñado desde la infancia. La música corre por sus venas. La música corre por las venas de todos nosotros, aunque en cantidades distintas.

Aquella noche sería la noche en que iríamos al Tropicana, ¡Un paraíso bajo las estrellas!

Mi padre vistió su traje de lino planchado, con una guayabera. Estaba nervioso y emocionado de experimentar el Tropicana por primera vez. Nos compré entradas VIP. ¿Cómo podría no hacerlo cuando se trataba de una velada tan especial? Nos sentamos en la fila de enfrente, la segunda mesa desde el escenario central. El lugar perfecto para ver cada uno de los movimientos de los bailarines en escena y los detalles de sus vestuarios, sin ninguna barrera entre la música y nosotros. La mesa estaba decorada con una botella de champaña y una botella de ron, algunos agitadores y por supuesto, una charola con variedad de maníes. A cada hombre se le entregó un puro cubano al entrar y a cada mujer una rosa.

Experimentar este espectáculo junto a mi padre y observarlo durante este momento era todo un regalo para mí. Era como un niño en la mañana de Navidad, justo antes de abrir sus regalos. La alegría que exudaba era contagiosa. Su atención era como un láser sobre los bailarines y se podía cortar con un cuchillo. Sabía las letras de todas las canciones.

Los numerosos bailarines encendieron el escenario con sus sonrisas, sus coloridos vestuarios y sus movimientos coreográficos perfectos. El sonido producido por los talentosos músicos era perfecto. Dos mujeres vocalistas tomaban turnos en el escenario, sus angelicales voces eran claras como cristal. Fue todo lo que imaginé que sería, exactamente como se lo describieron los clientes cuando vivía calle abajo y pasaba tiempo con los ejecutantes durante ensayos.

Qué manera de terminar nuestro viaje a La Habana. Un instante en el tiempo que atesoraré por el resto de los años que me quedan de vida. Al salir del teatro bajo las estrellas todos sonreían de oreja a oreja. Salimos aun bailando y riendo y discutiendo el magnífico espectáculo que acabábamos de ver. Se hizo historia.

Nuestro conductor esperaba por nosotros en el automóvil vintage con el capote abajo para hacer el largo recorrido de regreso a nuestro hotel, manejando al lado de las palmeras iluminadas que bordeaban las calles, el viento soplaba a través de mi cabello. Mi corazón estaba lleno.

30 de Noviembre, 2018 – 2 de Diciembre, 2018 – Varadero:

Las aventuras de este día estuvieron principalmente dedicadas a mi madre quien ama la playa. Varadero cubre la angosta península cubana de Hicacos y es conocida por sus playas de blanca arena suave y esponjosa. Tras regresar de mi primer viaje a Cuba estaba emocionado de contarle que las playas seguían tal como las describió. Con rostro serio me respondió "Qué maravilla escuchar eso. ¡Ojalá algún día las pueda ver!" a lo que respondí con confusión "Pero habías dicho con tanta convicción que eran las playas más hermosas, como si hubieras estado ahí muchas veces antes." Ella respondió "Así es como tu abuela me las describió a mí, pero nunca he ido"

Mi miadre remojando sus pies en la arena en Varadero por vez primera

¿Qué pasa con mis padres describiendo lugares y eventos como si los hubieran experimentado ellos mismos? Cuando le pregunté a mi madre simplemente respondió "Eso es lo que me dijo tu abuela".

Es común en la comunidad latina no cuestionar la información que se te es dada, especialmente si viene de tus seres queridos. Así que, mi madre creía que las playas de Varadero eran las más hermosas del mundo simplemente porque mi abuela se lo dijo. Bueno, eso iba a dar cierre a este viaje. Llevé a mi padre a ver el Tropicana con sus propios ojos y ahora había llevado a mi madre a ver, por ella misma, las playas más hermosas del mundo (de acuerdo con la abuela Flo y conmigo).

Me conmovió tener la oportunidad de llevar a mi madre a Varadero y experimentar esas playas por primera vez con ella. Mientras caminábamos hacia la playa por el hotel, la anticipación me estaba matando. ¿Le iba a gustar o lo iba a odiar? ¿Encontraría que era exactamente como su madre la había descrito? Durante esta caminata mi madre me compartió algunos de sus recuerdos de su madre y Varadero. El sinuoso y largo camino estaba por terminar y comenzaba la arena de la playa. Mi madre puso sus sandalias de lado y hundió los pies en la arena. Mientras los dedos de sus pies desaparecían en la arena como si se trataran de arenas movedizas, miró hacia arriba, frente a ella. Emitió un suave "ahhh", y dijo "justo lo que esperaba". Mi corazón se hinchó de felicidad.

Lentamente llegamos al borde del agua. Se detuvo y miró más allá del horizonte del océano. Sus ojos se llenaron de lágrimas mientras decía "No puedo creer que estoy aquí. No puedo creer que finalmente estoy viendo, tocando y sintiendo Varadero. ¡Gracias hijo!"

Las olas chocaban contra nuestros pies cubiertos de arena. Se dio la vuelta hacia mí, me abrazó fuertemente y dijo "gracias. Es todo lo que imaginé. Si no fuera por ti nunca lo hubiera visto."

A la mañana siguiente, no podía esperar para ir a trotar al lado del mar. Hice estiramientos y caminé rápidamente hacia la playa. A mi llegada pude atestiguar la belleza de Varadero. Atravesé la arena peinada por el agua, hasta alcanzar el borde. El océano me hablaba cuando las olas chocaban junto a la orilla y la espuma acariciaba las suelas de mis tenis. A la distancia, las gaviotas se posaban sobre una roca grande y oscura. Más a lo lejos, dos barcos estaban atracados en el mar. Me detuve un momento para apreciar la belleza que me rodeaba. Mientras me sobrecogía la emoción de mi próximo trote. Noté el hermoso sol amarillo levantándose a la distancia. No podía esperar más. Comencé mi trote matutino mientras "Cuba qué lindos son tus paisajes" de Celia Cruz y Willy Chirino escapaba a través de mis audífonos.

Dejé las primeras huellas del día sobre la arena como harina, libre de conchitas, huellas que fueron borradas por una solitaria ola estrellándose. A mi derecha los primeros rayos del sol recién salido escapaban a través de las blancas y esponjosas nubes, brillando sobre el océano y reflejando su belleza en mis ojos. A mi izquierda las sombras de la ciudad de Varadero desaparecieron junto con la luna que se ponía y los resorts de playa panorámicos comenzaron a vislumbrarse con claridad. Era afortunado de encontrar un tesoro más.

Mi trote de cuarenta y cinco minutos terminó, pero fui lo suficientemente afortunado para ver la ciudad despertando y preparándose para sus peregrinos de cada día. Mientras me alejaba renuentemente del océano, los niños corrían entusiasmados hacia él con sus flotadores para atrapar las primeras olas del día. Un golden retriever dejó las huellas de sus patas cubriendo un espacio amplio mientras perseguía aves. Los amantes caminaban enérgicos tomados de la mano para marcar sus propias huellas y escribir mensajes de amor sobre la arena.

Yo, por otro lado, desaparecía sin ser percibido rumbo al interior del pueblo de Varadero.

Mi padre en la paya de Varadero

CAPÍTULO CINCO:

CIERRE PERSONAL

En retrospectiva, creo que era importante para mí (y quizá era el destino), experimentar la isla por mí mismo en aquel primer viaje a Cuba. Ver, escuchar, tocar y sentir esta isla majestuosa sin ser filtrada por otros. Sumergirme a mí mismo en un nuevo territorio, un nuevo país y añadirlo a mi lista aún en aumento de lugares que he visitado.

Bueno, quizás no era un territorio nuevo por completo, pero nuevo para mis sentidos, mi corazón y mi alma. Fui capaz de maravillarme en imaginar libremente. Soñar despierto con el pasado de Cuba sin interrupciones y mantenerme en ese estado eufórico que uno experimenta en los destinos nuevos. No tuve que prestar particular atención a los detalles, fechas y locaciones. Me pude sumergir libremente en un nuevo país, aunque la realidad es que este país era especial y contenía una historia personal familiar.

Mis padres y yo

Después de experimentar Cuba una vez, la segunda ocasión fui capaz de concentrarme en los detalles más importantes e intrincados, así como en las historias románticas y a veces escalofriantes de mis padres mientras andábamos las hermosas calles de La Habana. Estuve entretejido en las historias personales de sus últimos días en la isla y las pruebas que tuvieron que atravesar para escapar del comunismo. Historias de refugiados sobrevivientes, liberados de su propio país para comenzar de nuevo en una tierra extranjera. Me sentí cómodo en Cuba, donde me dediqué a absorber la historia de mi familia tanto a través de la visión como del sonido.

En lo más profundo de mi corazón experimenté Cuba de la manera en que debía. Primero como un observador casual y turista, de la forma en que he experimentado otros países. Y en el segundo y más importante viaje experimenté la isla como un miembro de su comunidad. Como un descendiente de ancestros cubanos. Como un individuo cuyas raíces vinieron de esta amada isla. Como un americano con partes cubanas.

Y con eso, amigos míos, da conclusión al viaje de mi vida. Un viaje de cierre y comprensión. Cierre a mis propios anhelos por conocer mi historia familiar que sólo un viaje de esta naturaleza me podía proporcionar.

Este es también el inicio de un nuevo viaje, como un hombre que encontró las piezas faltantes del rompecabezas de los Iglesias para finalmente completar el estudio de su historial familiar. Una historia que continúa evolucionando.

¡Cuba, tus hijos siguen llorando!

¡Mis padres!

BEBIDAS Y PLATILLOS
CLÁSICOS CUBANOS

Bebidas:

Cuba Libre:

Ingredientes:

1 onza de ron dorado Bacardí

3 onzas de Coca-cola

Decorar con lima o con jugo de lima

Mezcle todos los ingredientes y disfrute.

Cuba libres

Mojito:

Ingredientes:

2 onzas de ron Bacardí Blanco   ½ lima o jugo de lima

½ taza de agua gasificada   4 hojas de menta fresca

2 cucharadas de azúcar blanca

Coloque las hojas de menta y la lima en un vaso.

Machaque las hojas de menta y la lima. Llene el vaso de hielo. Vierta el ron en el vaso y llene el vaso de agua gasificada. Agite. Decore con una lima.

Mojitos

Daiquiri:

Ingredientes:

2 onzas de ron Havana Club o ron
Bacardí Blanco

1 onza de jugo de lima

¾ de onza de licor Maraschino

2 tazas de hielo

1 cucharada de azúcar granulada

Combine todos los ingredientes en una licuadora con hielo. Sirva en un vaso helado. Decore con una lima.

Ron Havana Club

Platillos:

Res crujiente con arroz blanco y frijoles negros:

Ingredientes:

1.5 libras de filete de costado

1 pimiento verde cortado en cubos

2 cebollas cortadas en cubos

1 hoja de laurel

2 dientes de ajo, machacados

2 pizcas de sal

2 cucharadas de jugo de lima fresco

2 cucharadas de aceite de oliva
extra virgen

1 lata de frijoles negros

Pimienta recién molida

Instrucciones de preparación:

1. Combine el filete, pimientos, cebolla y hoja de laurel en un sartén grande. Añada agua para cubrir el filete y lleve a ebullición. Hierva a fuego lento durante 15 ó 20 minutos. Remueva el filete y déjelo enfriar. Desmenuce la carne.

2. Tome el ajo y muélalo hasta formar una pasta con sal. Tome el ajo, la sal, el jugo de lima, el aceite de oliva y las cebollas, vierta sobre el filete y mezcle. Deje marinar por dos horas.

3. Cocine la carne con la flama alta en una cacerola o sartén y añada sal y pimienta. Cocine hasta que quede crujiente.

4. Caliente la lata de frijoles en una sartén. Añada una cucharada de aceite de oliva, sal y pimienta al gusto.

5. Sirva con el arroz blanco. Vierta los frijoles negros sobre el arroz blanco.

Picadillo – Carne molida con arroz blanco:

Ingredientes:

1 cucharada de aceite de oliva	½ taza de pasas
1 diente de ajo picado o un poco más al gusto	1 lata de salsa de tomate (8 onzas)
1 cebolla pequeña picada	1 cucharada de comino molido
½ pimiento verde, picado	1 cucharada de azúcar blanca
1 libra de carne molida magra	2 papas cortadas en cubos
6 aceitunas grandes deshuesadas, cortadas en cuartos	Sal al gusto
	Sazonador total Goya

Instrucciones de preparación:

1. Caliente el aceite de oliva en una cacerola a fuego medio.

2. Cocine removiendo el ajo, la cebolla y el pimiento verde en el aceite caliente hasta que queden suaves. De 5 a 7 minutos.

3. Desmorone la carne molida en la cacerola, cocine removiendo hasta que quede completamente dorada, de 7 a 10 minutos.

4. Mezcle las aceitunas, las pasas, la salsa de tomate, el sazonador total Goya, el comino, el azúcar y la sal con la carne molida.

5. Cubra la cacerola, reduzca el fuego a bajo y cocine hasta que la mezcla esté caliente, de 5 a 10 minutos.

6. Sirva con arroz blanco.

AGRADECIMIENTOS

Este libro no hubiera sido posible sin la ayuda y el apoyo de algunas personas muy especiales.

Primero, mis padres, quienes han jugado parte importante en mi vida y que me han moldeado para ser el hombre que soy hoy en día. A pesar de las pruebas y dificultades que conlleva ser refugiados cubanos, persistieron, superaron la adversidad y juntos trabajaron extremadamente duro para darme la mejor vida que pudieron. Gracias por su amor incondicional, apoyo y aliento durante toda mi vida. No sería ni la mitad del hombre que soy ahora sin ustedes. Espero haberle hecho justicia a nuestra familia.

Estos viajes a Cuba no hubieran sido posibles sin Jim Giddings cuyo amor por la historia, aun cuando se trate de la historia de mi propia familia me animó a tener conversaciones difíciles e hizo de estos laboriosos viajes una realidad. De no haber sido por él quizás nunca hubiera ido a Cuba y quizás no hubiera cerrado el círculo de la historia de mi familia. ¡Gracias por los ánimos, el amor y el apoyo para hacer estos viajes posibles y por mostrarme el mundo!

A mi editor Fred Aceves (www.FredAceves.com) quien me impulsó a expandir mi escritura para hacer una historia más completa. Su rápido tiempo de respuesta y su maravilloso consejo han hecho posible este libro. Gracias por tu tiempo, conocimientos y recomendaciones para hacer de esta una historia perfecta sobre la familia Iglesias.

A Carmen Riot Smith, me encanta que ames las palabras. Gracias por adornar mi pequeño proyecto con su bolígrafo rojo. Me siento honrado por sus rápidas respuestas y recommendaciones para hacer la historia perfecta de la familia Iglesias.

A mi hermana, por su espíritu entusiasta, su tecleado veloz gracias a sus habilidades al piano y su asistencia en la recolección de información. Gracias por tomarte el tiempo de leer cada palabra y darme tus puntos de vista y sugerencias. Fue de enorme ayuda y estoy eternamente agradecido por tu tiempo. Gracias por creer en mí, por creer en nosotros y en nuestra historia, especialmente cuando me quería rendir. Espero haberte hecho sentir orgullosa.

A Laurin Mottle, mi compañera de viajes a destinos comunistas. Desde el primer día insistió en que hiciera de la historia de mi familia un libro. Pero creí que nadie estaría interesado. Gracias por darme ánimos y creer en mí, en mi historia y en este proyecto. ¿A dónde iremos la próxima vez?

A Renate Lwow, gracias por estar completamente a bordo y por el regalo de tu tiempo desde el día uno. Tu interés inquebrantable y tu atención al detalle con respecto a mi vida fueron conmovedores y altamente apreciados. ¡Ahora comencemos tu libro!

También, a todos mis demás amigos y familiares que contribuyeron a este proyecto con sus puntos de vista, sus palabras de aliento y tantos aquellos con quienes estoy eternamente agradecido. Gracias por su amor y su apoyo.

Finalmente, a aquellos que leyeron mi libro, ¡Gracias! Espero que les anime a investigar su propia historia familiar, a viajar a lugares incómodos y a tener conversaciones incómodas. Valdrá cada segundo y centavo invertido para completar su propio rompecabezas familiar.

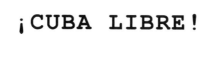

¡CUBA LIBRE!

ellos no tienen idea de lo que es
perder el hoagr a riesgo de
nunca volver a encontrar hogar
tener toda tu vida
dividido entre dos tierras y
convertirse en el puente entre dos países.

Rupi Kaur